# MANAGING CONVERSATIONS I

## SECOND EDITION

**Kenneth Chastain**
University of Virginia

**Gail Guntermann**
Arizona State University

**Claire Kramsch, Series Editor**
University of California at Berkeley

 Heinle & Heinle Publishers
Boston, Massachusetts 02116 U.S.A.

Publisher: Stanley J. Galek
Editorial Director: A. Marisa French
Assistant Editor: Erika Skantz
Project Coordinator: Kristin Swanson
Production Supervisor: Patricia Jalbert
Manufacturing Coordinator: Lisa McLaughlin
Text Design: Judy Poe
Cover Art and Design: Judy Poe
Illustrator: Len Shalansky

Heinle & Heinle Publishers is a division of Wadsworth, Inc.

Manufactured in the United States of America.

ISBN: 0-8384-1968-2

10 9 8 7 6 5 4 3 2

# PREFACE TO THE SERIES

Since this Managing Conversations series first came out in 1985 for German and 1987 for French and Spanish, many advances have been made that can increase the oral proficiency of language learners. The importance given to interaction in the classroom, the emphasis put on natural forms of speech and the use of authentic materials and recordings, the suggestions made to break up the class in pairs and small groups, the development of oral proficiency tests—all these pedagogic advances have made the importance of teaching oral communication clear to everyone. But there are many ways to do so.

Some feel that it should be enough to give the students a topic of conversation and the vocabulary to go with it and to let them talk. However, even with the appropriate vocabulary, some students either don't have anything to say or feel unable to participate. Group work may remedy the situation, but some students are known to talk more than others and even to intimidate others. The term "gambit" has been used to characterize the formulaic phrases that native speakers use to take turns in conversation; if students don't talk, maybe they need a few gambits to "prime the pump." But even if they learn these gambits as they do lists of vocabulary, they still won't know when and how to use them for the desired effect.

The problem with these solutions is that they are compensatory. They leave the relationships of power and authority in the classroom intact. They leave untouched the instructional roles and relative status of teachers and students. In short, they try to teach natural discourse forms via traditional forms of schooled interaction.

The series Managing Conversations in German, French, and Spanish was designed precisely to help students make the jump from learning the forms of the language to learning how to use them in social encounters. It provides them with a variety of contexts of use in which speakers and listeners interact to achieve successful communication through speech. For each interactive strategy, both standard and nonstandard contexts are provided. The former are easier to master, and beginning learners get a sense of power when taught the essential routines and social etiquette of face-to-face interactions. The latter require general cognitive abilities to grasp the whole communicative situation and act upon it. Nonstandard contexts are more complex, but they allow for more creativity and less dependence on societal and cultural norms than standard communicative strategies. After all, it is the privilege of any learner to recognize the conventions of speech and to decide to flout these conventions!

Claire Kramsch

# PREFACE

*¡Imagínate!* is designed for conversation courses at the "intermediate" level — the second and third years of college Spanish — or advanced high school Spanish courses. It can be used either in combination with other textbooks that have a grammatical and reading orientation, or singly as the basis for a conversation course. The beginning chapters can be used as early as the third semester. The text as a whole will challenge a fifth- or sixth-semester class. *¡Imagínate!* is flexible enough to adapt to the schedule of many classes and calendars.

**Changes to the Second Edition**

The second edition of *¡Imagínate!* has incorporated current research on listening comprehension and has placed more attention on setting concrete tasks for students to develop their listening strategies. Forty percent of the listening segments have been retaped for clarity. There are more preparatory and follow-up activities for each listening segment. The order of internal sections has been rearranged to accommodate the extra pre-listening activities and to facilitate the progression from one stage to another.

## Principles of the Program

**1.** *¡Imagínate!* teaches practical strategies for effective communication in Spanish and is organized around high-frequency functions.

**2.** It is expected that students will bring the vocabulary and the grammatical structures with which they are already familiar as they complete the listening and conversation activities in *¡Imagínate!*.

**3.** The communication strategies help students recycle high-frequency phrases in their own conversations and build upon these gambits in more complex ways as they progress through the book.

**4.** The majority of the activities are communicative and designed for small groups of students. In the early chapters the activities require a limited number of exchanges—introductions, requests for help, and exchanges of concrete information. As the difficulty level increases, the students' abilities progress to more complex tasks such as interviews, explanations, stories, and discussions. Students do some role-playing; however, we have tried, wherever possible, to link the content of the activities to the students' own individual experiences and to ask them to work in situations that they might well encounter in a Spanish-speaking country.

**5.** The student audiocassette provides authentic conversations between native speakers of Spanish. Provided only with a situation and a bare outline, the native speakers interacted in the manner of improvisational theater.

**6.** Each chapter provides the functional vocabulary necessary to complete each task.

## Components

- **Student text/tape package.** Each student text is packaged with a tape that provides three conversations per chapter. Corresponding pre- and post-listening activities are in the textbook.
- **Teacher's edition.** This edition contains the entire student textbook plus notes to the teacher, the tapescripts for the student and testing tapes, and additional writing and communicative activities.
- **Testing tape.** This tape provides additional listening segments for in-class use or testing.

# Organization

*¡Imagínate!*, like any other text, is a tool for teachers to use. We invite you to study the format, the sequence, and the contents of this book carefully and to use it in the way that you consider best for you and for your students. However, we would like to present here a few brief comments on the text. We have included more detailed notes in the Instructor's Manual.

Each chapter begins with a short *Introducción* to the topic and to the communication function of that chapter. The purpose is to orient the students to what lies ahead and to get them into both the theme and the function(s) of the chapter.

The second section, *Escuchar y practicar*, contains the pre-listening, listening, and post-listening activities that accompany the three conversations on the student tape. The pre-listening activities are group brainstorming activities designed to recall related vocabulary and useful grammatical structures and to activate relevant and helpful schema for comprehending the to-be-assigned conversation. The listening activities are individual homework assignments designed to encourage the students to listen to the student tape at home and accomplish specific tasks, i.e., to manage successfully the task of comprehending the conversation. The post-listening activities are conversation activities designed to serve as follow-up activities in class and to give the students an opportunity to talk about the same or a related topic.

There are three major goals for this portion of the chapter. The first is affective. We hope to convince the students that they can learn to understand the message of conversations between native speakers of Spanish. The second is metacognitive. We want to help them develop strategies for coping with the often intimidating task of comprehending Spanish spoken at normal speed. The third is cognitive. We give them ideas and conversational activities related to the listening segments in the latter portions of each chapter.

In the third and fourth sections, *Actividades* and *Fuera de clase*, the text contains a variety of conversation activities for individual, pair, or group work. In fact, in most classes you will have to choose those that seem most likely to stimulate your students to participate. The principal difference between the two sections is that for the *Fuera de clase* activities, the students have some task to accomplish that involves out-of-class work such as calling someone on the phone or going to the library to look for an article in a Spanish newspaper or magazine. In both types of activities, the students have a specific communication task to complete and a report to give to the class.

Overall, the emphasis of the *Actividades* and *Fuera de clase* sections is on gaining more complete control of those strategies, functions, language components, and linguistic skills that enable speakers to interact with other speakers in the exchange of comprehensible messages.

At the end of each chapter there is a blank box for the students to list the words and phrases they would like most to remember for future use. The idea here is to provide a place for students to collect and save those words and expressions that they consider to be most important and to encourage them to think of these vocabulary and phrases as being for their personal use.

Although this is primarily a text for the development of listening and speaking skills, a few writing activities are suggested in the Instructor's Manual. In addition, the students may be better prepared for many of the speaking activities if they write out portions of the activity before coming to class.

We hope you and your students enjoy using *¡Imagínate!* and that they finish the text with much improved listening and speaking skills. We invite comments from one and all, and we extend our best wishes for a productive semester.

## TO THE STUDENT

One of the goals of *¡Imagínate!* is to demonstrate to you that you know more Spanish than you think you do. In doing the activities, you should first draw on the words and structures that you already know. To the degree that you can "reactivate" this vocabulary and this grammatical knowledge, you will make great strides in developing your functional Spanish skills. You also may want to have access to a dictionary; in fact, we recommend that you get in the habit of using two dictionaries—a Spanish-English dictionary to locate the word you need and an all-Spanish dictionary to verify the exact meaning and usage of that word.

Obviously, the major part of a listening and conversation course is the work you do preparing for class and participating in the class conversation activities. You should anticipate the class activities and prepare carefully to be an active participant in each. Remember that if you want to develop listening and conversation skills, you must practice them at every opportunity. To receive the greatest benefit from the conversation activities in *¡Imagínate!*, work through the pre-listening activities, listen to the conversations and prepare for the classroom conversation activities. To the extent that you take these activities seriously, your participation in class will be that much easier and your progress will be that much greater.

The conversations you will hear on your student tape represent spontaneous and authentic interactions among native Spanish speakers. One of your major problems will be to learn to adjust to the staccato rhythm of Spanish, which makes the language sound very fast to the ear of an English speaker. In addition, you must remember that in oral speech, as opposed to written language, native speakers in any language run their words together, leaving clear separations only between groups of words. Consequently, in the beginning you will probably understand only small portions of each conversation the first time you listen to it. **Do not become frustrated!** Listen to the conversation several times following the sequence of the activities given in the text. The pre-listening, listening, and post-listening activities will help you to understand as much as necessary in order to comprehend the message, the goal of listening. Keep in mind that you do not need to understand every word to get the idea of the conversations. Gradually, with patience, practice and realistic expectations, your language ear will adjust, and your comprehension skills will surely improve.

Kenneth Chastain
Gail Guntermann

# ACKNOWLEDGEMENTS

*¡Imagínate!* is part of a series of three conversation texts in German, French, and Spanish under the general editorship of Claire Kramsch (University of California at Berkeley). The first to appear was *Reden, Mitreden, Dazwischenreden*, authored by Kramsch and her colleague, Ellen Crocker. Appearing simultaneously with our first edition was *Du Tac au tac*, the French counterpart written by Jeannette Bragger of The Pennsylvania State University and Donald Rice of Hamline University. These books all strive to capture the newest ideas from research on the functional syllabus, discourse analysis, receptive skills, and communicative teaching methodology, and to incorporate these elements into an attractive, pedagogically exciting, and useful learning instrument.

We would like to acknowledge gratefully the contributions of the series editor, Claire Kramsch, as well as Renate Schulz, Constance K. Knop, and the following reviewers:

Second edition reviewers:
Alex Binkowski, The University of Illinois
Ed Brown, The University of Kentucky
Baltasar Fra-Molinero, Indiana University
John Gutiérrez, The Pennsylvania State University
Nancy Schnurr, Washington University
Greg Stone, Memphis State University

First edition reviewers:
Jack S. Bailey, The University of Texas at El Paso
David A. Bedford
Elaine Fuller Carter, St. Cloud State University
Raquel Halty Pfaff, Simmons College
Martha Marks
Donald Rice, Hamline University
Stephen Sadow, Northeastern University
Bill VanPatten, The University of Illinois

Special thanks go to Douglas Morgenstern of M.I.T., who helped coordinate the original recording sessions for the tapes which accompany this program.

We gratefully acknowledge the contributions of Charles Heinle, president, who supported and encouraged us during the conception of the first edition; Stanley Galek, vice president, Marisa French, editorial director, and Erika Skantz, assistant editor, who helped us convert concepts and reviewers' suggestions into the text's final format; Kris Swanson, production editor, who very ably transformed the manuscript into a textbook; Mercedes Cano and Teresa Valdivieso, who contributed many conversational expressions and improved the wording of the instructions in selected chapters; Theresa Chimienti, our copyeditor; Sarah Geoffrion, our native reviewer; Adam Wolman and Sheila McIntosh, our proofreaders; and Rudy Heller and the other native speakers who created the tape program. Many thanks to all.

Kenneth Chastain
Gail Guntermann

# CONTENIDO

# Introducción

# INTRODUCTION TO CONVERSATIONAL STRATEGIES AND LISTENING COMPREHENSION

# "You can do it!"

## THROWING AND CATCHING THE BALL

## CONVERSEMOS

### YOU CAN DO IT!

Conversation is like a ball game. A good player knows how to put the ball in play, how to catch it, how and in which direction to throw it, how to keep it within bounds, and how to anticipate the other players' moves. These strategies are at least as important as having the right ball and the right equipment. We use similar strategies when carrying on a conversation.

What do you think about your ability to play the conversation game? You might think you don't have enough vocabulary. You might feel your grammar is too weak. So you don't know exactly what to say? Rest assured that most second-language learners feel the same way. That shouldn't, however, prevent you from playing the conversation game. What you need are communication strategies. They help native speakers and non-native speakers alike to communicate in real life.

Don't be hesitant; jump right in and play the game. Remember that you can get others to talk by asking for clarification or offering interpretations of things they say, you can build on what others say, and you can buy time to think of other ways of getting your ideas across. You *can* communicate effectively in Spanish!

Your efforts to communicate will improve your conversation skills, especially in the Hispanic world. Native speakers appreciate your efforts to speak their language with them, and they respond by helping you to express yourself. Keep trying, and you will be surprised at what you can do and pleased with all that you will learn.

## STRATEGIES

*¡Imagínate!* will help you learn to use in Spanish many of the strategies for conversational management that you use in English. Since you may not be aware of all that you do in English, let's begin by reviewing a few of the techniques that are used in any language to initiate, maintain, and terminate conversations.

# NONVERBAL COMMUNICATION

Much of the meaning that we receive and express is communicated in the form of gestures and body language.

<u>GESTURES</u>

**A.** With a classmate, describe and demonstrate the gestures that English speakers use to express the following ideas.

ejemplo:
I'm hungry.
*We often rub or pat our stomachs and try to look weak and hungry.*

1. I'm thirsty. _____

_____

2. I'm angry. _____

_____

3. I don't know. _____

_____

4. That's perfect. _____

_____

5. Be careful. (Watch out.) _____

_____

6. Come here. _____

_____

7. Good-bye. _____

_____

"Ven acá."

"Adiós. Hasta luego."

**B.** Turn to your neighbor. Using gestures only, ask him (her) five questions. Your neighbor has to guess what the question is and answer with gestures only. Write down in Spanish the information given and check with your partner to see if this information is correct.

ejemplo:
You shiver questioningly as if to say, —**¿Tienes frío?** And your partner gestures a negative answer.

1. _____

2. _____

3. _____

4. _____

5. _____

Now here and on page 3 are some gestures from the Hispanic world. But be careful—there are differences even among Spanish-speaking countries. What is an acceptable gesture in one country may be indecent in another.

''¡Ojo!''

''¿Sabes que Roberto es muy tacaño?''

''Elena bebe demasiado.''

''¿Que se yo?''

## BODY LANGUAGE

**C.** How would you interpret the attitudes of the following people? Check with a classmate to see if he or she perceives them in the same way.

4.

3.

5.

2.

1.

Now compare your interpretations to the following.

In Hispanic cultures, the person in the first picture might be seen as sloppy, lazy, and not very interested in other people. In some parts of the world his posture would be seen as scandalous, because one's foot should not be pointed at anyone and one's legs should not be crossed.

The second person's behavior is completely unacceptable in most of the Hispanic world, where people should keep their shoes on and their feet off tables.

Person 3 is probably quite proper and alert, to most Hispanic eyes. Again, in some cultures it is scandalous to cross one's legs.

The fourth may seem to us honest, open, and alert. To others she may appear to be overly aggressive, even challenging. In many cultures people are taught to avert their eyes, especially when talking to someone older or of higher social standing.

In the fifth picture the people are standing at a very appropriate distance for conversation by Hispanic standards. Stand close to a classmate and converse with him or her. Does it make you feel uncomfortable? What is a comfortable distance for you?

Have you ever spoken to someone who showed no response at all? How did you interpret this? To keep a conversation going, it is necessary to react to what other people say.

**CH.** With one or two classmates, decide on reactions in English and in Spanish to each of the following situations. What do we say when we hear such information? What do we do?

1. showing surprise: **Tu profesor(a) es en realidad un(a) espía.**

   You say: _____

   _____

   You do: _____

   _____

   **En español:**

   | | |
   |---|---|
   | **¡Imagínese! (¡Imagínate!)** | *Imagine that!* |
   | **¡No me diga(s)!** | *You don't say!* |
   | **¡Qué sorpresa!** | *What a surprise!* |
   | **¡Qué cosa!** | *Such a thing! (Wow, really!)* |

2. showing interest: **Oí que la universidad va a abrir un nuevo centro de estudios en España.**

   You say: _____

   _____

   You do: _____

   _____

   **En español:**

   | | |
   |---|---|
   | **¿Ah?** | *Oh?* |
   | **¿De veras?** | *Really?* |
   | **Ah, es cierto.** | *Oh, that's right.* |
   | **¡Qué interesante!** | *How interesting!* |
   | **¡Buena idea!** | *Good idea!* |
   | **¡Magnífico!** | *Wonderful!* |
   | **No sabía eso.** | *I didn't know that.* |

3. showing agreement: **Los americanos deben aprender más lenguas extranjeras.**

   You say: _____

   _____

   You do: _____

   _____

   **En español:**

   | | |
   |---|---|
   | **Es cierto.** | *That's right.* |
   | **Sí, es verdad.** | *Yes, that's true.* |
   | **Sí, tiene(s) razón.** | *Yes, you're right.* |
   | **Estoy de acuerdo.** | *I agree.* |

4. asking for clarification: **El pluscuamperfecto es una forma que se utiliza para expresar una acción que tuvo lugar antes de cierto momento en el pasado.**

You say: _____

_____

You do: _____

_____

**En español:**

| | |
|---|---|
| **¿Quiere(s) decir que... ?** | *Do you mean that . . . ?* |
| **No sé si comprendo bien.** | *I don't know if I really understand.* |
| **¿Qué quiere(s) decir, exactamente?** | *What do you mean, exactly?* |
| **¿Repita, por favor?** | *Will you repeat that, please?* |
| **¿Qué significa eso?** | *What does that mean?* |
| **¿Me lo quiere explicar un poco más, por favor?** | *Will you explain that a little more, please?* |

5. paraphrasing to check meaning: **Yo pienso que el aborto es justificable en algunos casos de emergencia personal.**

You say: _____

_____

You do: _____

_____

**En español:**

| | |
|---|---|
| **Me parece que quiere(s) decir que... .** | *I think you mean . . . .* |
| **Si no estoy equivocado(a), está(s) diciendo que... .** | *If I'm not mistaken, you're saying that . . . .* |
| **A ver si comprendo bien.** | *Let's see if I understand right.* |
| **¿Está(s) diciendo que... ?** | *Are you saying that . . . ?* |

Use these strategies liberally, and you will encourage other people to talk with you.

## GETTING YOUR FOOT IN THE DOOR

**D.** What would you and your classmates say in English and in Spanish in the following situations?

1. The person who is talking hesitates a moment: **Es cierto que necesitamos dedicar más recursos al mejoramiento de la educación en este país. Yo estoy en contra de aumentar los impuestos, pero, pues, este... .**

You say: _____

_____

**En español:**

| | |
|---|---|
| **Sí, pero creo que... .** | *Yes, but I think . . . .* |
| **Sí, y... .** | *Yes, and . . . .* |
| **Pero me pregunto si... .** | *But I wonder if . . . .* |
| **Ah, sí. También,... .** | *Oh, yes. Also, . . . .* |
| **No, pero... .** | *No, but . . . .* |

2. The person who is talking keeps chattering without taking a breath: **Bueno, en ese caso, lo que pienso yo es que no se puede aceptar una idea tan ridícula, yo siempre—tú me conoces bien, tú sabes como soy yo, yo digo la verdad como es y me gusta bla bla bla…**

You say: _____

_____

**En español:**

| | |
|---|---|
| **Sí, pero un momento….** | *Yes, but just a minute . . . .* |
| **No, pero, mire(a)….** | *No, but look, . . . .* |
| **Tengo que decir una cosa.** | *I have to say one thing.* |
| **Bueno, bueno,….** | *Well, good (OK, OK), . . . .* |
| **Quiero decir algo.** | *I want to say something.* |
| **Pero déjeme (déjame) decir….** | *But let me say . . . .* |
| **Pero permítame (permíteme) decir….** | *But let me say . . . .* |
| **Mire(a), yo digo que….** | *Look, I say that . . . .* |
| **Ah, y también….** | *Oh, and also . . . .* |
| **¡No diga(s) eso! Yo creo que….** | *Don't say that! I think that . . . .* |

3. The other person goes on talking and changes the topic in the process, but you want to comment on something he or she said earlier: **Sí, estoy de acuerdo, porque no es justo que un profesor le niegue al estudiante enfermo que tome el examen. Pero debes conocer a mi profesor de biología, que es un verdadero tirano, y….**

You say: _____

_____

**En español:**

| | |
|---|---|
| **Volviendo al tema de…,** | *Going back to the topic of . . . .* |
| **Quiero decir que….** | *I want to say that . . . .* |
| **Quisiera volver a lo que dijo (dijiste) antes….** | *I would like to go back to what you said before, . . . .* |
| **Volviendo a lo que dijo (dijiste) antes,….** | *Going back to what you said before, . . . .* |
| **Pero volviendo al otro tema de….** | *But to go back to the other topic of . . . .* |

# KEEPING THE FLOOR

In addition to talking louder and faster, how do we keep the floor long enough to finish what we want to say?

E. Discuss what you might do in English and Spanish to accomplish the following.

1. hesitating

   We say: _____

   _____

   **En español:**

   | | |
   |---|---|
   | **Eh...** | *Umm . . .* |
   | **Y este...** | *And uh . . .* |
   | **Y, ¿cómo era?** | *And, how did it go?* |
   | **Y, usted sabe (tú sabes)...** | *And, you know . . .* |
   | **Es decir,...** | *That is to say, . . .* |
   | **Y, bien,...** | *And, well, . . .* |
   | **Pues...** | *Well . . .* |
   | **Es que...** | *It's just that . . .* |
   | **Y en fin...** | *And so . . .* |

2. buying time

   We say: _____

   _____

   **En español:**

   | | |
   |---|---|
   | **Un momento...** | *Just a minute . . .* |
   | **Espere (Espera)...** | *Wait . . .* |
   | **Déjeme (Déjame) pensar (ver).** | *Let me think (see).* |
   | **Y... ¿cómo se llama,... ?** | *And . . . what's it called, . . . ?* |

3. asking for help

   We say: _____

   _____

   **En español:**

   | | |
   |---|---|
   | **Ayúdeme (Ayúdame).** | *Help me.* |
   | **¿Cómo se dice... ?** | *How do you say . . . ?* |
   | **¿Cómo era... ?** | *How was . . . ?* |
   | **¿Entiende(s)? (¿Comprende(s)?)** | *Do you understand?* |

4. expanding a point

   We say: _____

   _____

   **En español:**

   | | |
   |---|---|
   | **Y también...** | *And also . . .* |
   | **Y además...** | *And besides . . .* |
   | **Y quisiera agregar (añadir) que...** | *And I'd like to add that . . .* |
   | **Y, ¿qué más? Pues,...** | *And, what else? Well, . . .* |
   | **¡Ah! Y también...** | *Oh! And also . . .* |

5. finding another way to say something when you can't think of a word or expression (circumlocution)

We say: _____

_____

**En español:**

| | |
|---|---|
| **Oh, ¿cómo es que se llama?** | *Oh, how is it that you say that?* |
| **Bueno, no recuerdo cómo se dice, pero es... .** | *Well, I don't remember how you say it, but it's . . . .* |
| **Oh, usted sabe (tú sabes), es esa cosa (persona) que... .** | *Oh, you know, it's that thing (person) that (who) . . . .* |
| **No puedo explicarlo, pero... .** | *I can't explain it, but . . . .* |

6. clarifying, restating

We say: _____

_____

**En español:**

| | |
|---|---|
| **Quiero decir que...** | *I mean that . . .* |
| **Es decir,...** | *That is to say, . . .* |
| **Permítame (Permíteme) repetir...** | *Let me repeat . . .* |

Now tell a classmate about the most exciting event of your last vacation. Keep talking so she (he) can't interrupt before you have finished sharing your story.

## ENCOURAGING OTHERS TO PARTICIPATE

What about the quiet person, who doesn't participate? In most Hispanic circles, the strong, silent type is not admired; such behavior is seen as antisocial.

**F.** How do we encourage others to get involved? One thing we can *do* is to look at the person and wait for him or her to say something. In addition, what can we *say*?

1. asking for an opinion or information

We say: _____

_____

**En español:**

| | |
|---|---|
| **¿Y usted (tú), Diego?** | *And you, Diego?* |
| **Y ¿qué piensa usted (piensas tú), Diego?** | *And what do you think, Diego?* |
| **Diego, creo que dijo (dijiste) una vez que... .** | *Diego, I think you said once that . . . .* |

2. pointing out a person's expertise

We say: _____

_____

**En español:**

| | |
|---|---|
| **Ana sabe mucho de eso, ¿verdad, Ana?** | *Ana knows a lot about that, right, Ana?* |
| **Algo semejante le pasó a Ana, ¿no, Ana?** | *Something similar happened to Ana, right, Ana?* |

**G.** Study the following conversations. What do you and your classmates think the italicized phrases mean? How are they used? Discuss them and compare your opinions.

1. — *¡No me vas a creer!* ¿Sabes lo que me pasó?
   — ¿Qué te pasó?
   — Estaba leyendo tranquilamente en la sala cuando entró papá y me acusó de haber chocado el auto contra el muro esta mañana porque el carro está arruinado.
   — *¡No me digas!*
   — Sí, y lo peor es que él piensa que fui yo... .
   — *¿Me estás diciendo que* no lo hiciste?

2. — Descríbeme a tu familia, por favor.
   — *Bueno,...* Tengo tres hermanos y mis padres. Todos viven juntos en Idaho. También tengo muchísimos *ah... un momento, no me digas la palabra...* ¡primos!

3. — Les voy a explicar cómo preparar arroz con pollo. Primero, hay que tener listos los *ah,... este... ¿Cómo se dice?*
   — *¿Los ingredientes?*
   — Sí, gracias. Se necesita, por supuesto, arroz y pollo... y también... *ah, no sé cómo se llama,* pero es una especia amarilla que se usa mucho en España.
   — ¿Azafrán?
   — Sí, claro.

4. — Marcos no me prestó atención ayer. Me puse el vestido nuevo y a cada rato le dirigí la palabra, pero... *Y en fin,* ese hombre es un tonto. Pero *te voy a contar lo que me pasó ayer. Fíjate que* yo apenas había llegado al trabajo cuando la loca de Mercedes me dice que... .
   — *Pero espera un momento. Volviendo al tema de Marcos,* estoy de acuerdo con lo que dijiste. No debes perder tu tiempo... .

5. — Ven, hijo, cómete las espinacas. Son muy buenas para la salud. Te darán mucha energía y... .
   — *¡Ay, mamá,* no me gustan! Las odio. ¡Qué asco! Huelen mal y saben mal y... .
   — *Muy bien, muy bien.* ¿Qué tal un poco de helado después?
   — *Claro, como no,* mami. Dame mucho.

## SITUACIONES

**H.** For each of the following situations, choose at least one Spanish expression from this chapter that you could use. Discuss the possibilities with one or two classmates.

1. A friend of yours is telling you about something that he (she) saw today, but he (she) can't think of a word that he (she) needs.

2. You are telling the class how to do something that you know how to do very well, but a key word slips your mind.

3. Your friend is informing you about something that you really need to know, but he (she) loses his (her) train of thought.

4. You are excitedly talking about what happened to a dear friend of yours. You want to be listened to, and you don't want to be interrupted. Someone else seems about to jump in.

5. Someone just said something that you were about to say, and you wish to add a point.

6. A classmate of yours corners you before class and talks steadily about something that doesn't interest you. You need to ask her (him) a question about the assignment before the instructor arrives.

Throughout this book you will continue to learn more about managing different kinds of conversations. The expressions that you have practiced here should be useful in all sorts of situations. Keep them in mind as you deal with the topics of the other chapters, and return to review these introductory pages whenever it is necessary.

**La Otra Cara de la Moneda:
Salud Natural**

Controversial programa donde el Dr. Norman González y el Lic. Carlos Pérez Sierra comentan todo lo que ocurre y se produce en los medios noticiosos relacionado a la salud, religión y ambiente ecológico. ¡No se lo pierda!

**Radio Sistema
Informativo Red Alerta**

**Horario:
Domingos de
12:30 a 2:00 P.M.**

WAEL - Radio A.M. 600 - Mayaguez
WRAI - Radio A.M. 1120 - San Juan
WPAB - Radio A.M. 550 - Ponce

*¡Imagínate!* le ayudará a entender programas hispánicos en la radio, tal como éste.

## ESCUCHEMOS

A major purpose of *¡Imagínate!* is to help you learn to understand what people say in Spanish when they speak at natural speed and to help you use expressions that are manipulated by native speakers to manage conversations effectively. You can understand much more than you may think at first! Here are some good strategies to use as you listen to the tape and do the exercises, and as you listen to native speakers on television or radio, in the supermarket, or wherever you may hear Spanish spoken.

1. Don't expect to understand everything. It is important just to get used to hearing the language.
2. Try to see how much you *can* understand; don't worry about the parts of the conversation that are undecipherable to you. Think about what you do understand; often it will all come together. What you do understand will give you a general idea or hint at the meaning of the rest of the conversation.
3. Pay close attention to the context of the conversation at first, just as you would if you were overhearing a conversation at a nearby table in a restaurant. Who is talking? How do they seem to feel about what they are saying? What is the tone of the conversation? How formal are they being with each other? What might their relationships be? What seems to be their purpose? (For example, is one trying to convince the other? Are they planning something? Are they arguing? Is one telling a story to the other(s)?)
4. Listen to each conversation several times; you will comprehend more each time. By the time you are ready to go on to the next conversation, you will be amazed at how much you have progressed!
5. Remember that you do not have to understand every word or even every idea of each conversation. In real life, we often miss some things, even in our native language.

# CONVERSACION 1: UNOS CHISMES

ANTES DE ESCUCHAR

**I.** In English, when we tell an anecdote about something that happened to us, what expressions do we use to get and keep our listeners' attention? What would you expect your listener to say to show interest and surprise? Make lists of what you might say, and the expressions that the other person might use . . .

1. to get your listener's attention:
   *Hey, guess what happened last night.*

   _____

   _____

2. to show interest:
   *What? Tell me.*

   _____

3. to show surprise:

   _____

4. to show sympathy:

   _____

**J.** Getting along with our friends is difficult sometimes, especially if they don't explain their actions. What would you think, and what would you do if your friend did the following things?

1. Se lleva tu ropa sin pedir permiso: _____

   _____

2. Te dice que te ayudará a estudiar para un examen, y luego no te ayuda: _____

   _____

3. Sale con tu novio(a): _____

   _____

4. Te invita a su apartamento para comer, pero cuando llegas, él (ella) no está: _____

   _____

5. No te dice la verdad: _____

   _____

6. Les cuenta a otros amigos una historia falsa sobre ti: _____

   _____

¿Qué harías si alguien pintó un bigote en un retrato de tu hermana?

ESCUCHAR

**L.** En la primera conversación de la cinta, una joven cuenta a su amigo lo que le ocurrió cuando salió a cenar con otra amiga. Escucha la conversación una vez para averiguar...

1. ¿Qué emoción siente la joven? ¿Está triste? ¿Alegre? ¿Enojada? ¿Sorprendida? ¿Confusa? ¿Agitada? ¿Se siente mal o bien?
2. ¿Cómo contesta el amigo? ¿Muestra interés? ¿Quiere ayudar, o trata de regañar (*to scold*) a la señorita?
3. ¿De quién están hablando? ¿Qué hizo ella?

**LL.** Escucha tantas veces como sea necesario para averiguar si las siguientes oraciones son ciertas (C) o falsas (F).

| | | | |
|---|---|---|---|
| 1. | La joven salió con su amiga María Luisa. | C | F |
| 2. | Fueron a la cafetería de la universidad para comer. | C | F |
| 3. | De pronto la amiga de la joven se levantó y salió corriendo. | C | F |
| 4. | El próximo día la amiga la llamó por teléfono para pedirle perdón de lo que pasó. | C | F |
| 5. | Al amigo no le importa mucho porque cree que hay una explicación razonable. | C | F |

**M.** Ahora escucha otra vez y escribe en inglés las siguientes expresiones, según lo que tú dirías en el mismo contexto.

1. Marcos, ¡lo que te tengo que contar de María Luisa! _____

_____

2. A ver, cuéntame. _____

3. Ah, ¿sí? _____

4. Imagínate que… _____

5. No me digas. _____

6. ¿De verdad? _____

7. Y tú, ¿qué hiciste? _____

8. Ay, pobre de ti. _____

9. Ojalá que no le pase nada. _____

_____

DESPUES DE ESCUCHAR

**N.** Con un(a) compañero(a), completen la siguiente conversación de una manera imaginativa. Prepárense para presentar su conversación delante de la clase.

PERSONA A: ¡Imagínate lo que me pasó ayer!

PERSONA B: _____

PERSONA A: Pues, yo andaba solo(a) por la Calle Ocho, cuando…

_____

PERSONA B: _____

PERSONA A: Sí, y no sólo eso, sino que luego _____

_____

PERSONA B: _____

PERSONA A: Pues, estoy muy _____

y quiero _____

PERSONA B: _____

**Ñ.** Fórmense grupos de cuatro. Cada miembro del grupo debe describir oralmente una situación familiar o entre amigos en la que una persona no entiende lo que hizo otra persona. Los demás harán el papel de la famosa consejera Ann Landers, y le explicarán el por qué de sus acciones. (Está bien si los tres recomiendan algo diferente.)

# CONVERSACION 2: UNA REACCION QUIMICA

O. En la segunda conversación un profesor le explica algo a una joven pero ella no lo entiende. Para ayudarlos a comprender la conversación aquí hay algunas palabras claves. A ver si todos los estudiantes de esta clase saben definir estos términos. ¿Pueden dar unos ejemplos de cada palabra o usarla en una frase?

1. explicar _____

_____

2. vacuna _____

_____

3. sintética _____

_____

4. reacción química _____

_____

5. catalizador _____

_____

6. sustancia _____

_____

## ESCUCHAR

P. Ahora escucha la conversación e indica el orden de las siguientes expresiones a medida que las oigas.

_____ ¿Usted sabe qué es eso?

_____ producto biológico

_____ Explíqueme…

_____ … y esa reacción es muy lenta…

_____ sustancia mediadora

_____ … reactantes producen un tercer producto…

_____ organismo biológico

_____ eso último

_____ Vuelvo otra vez

_____ dos sustancias se juntan

Q. Escucha la conversación varias veces y llena los espacios en blanco con las palabras que faltan.

1. —Mire, Teresita, le voy a com… le voy a _____ un

asunto que en términos _____ puede sonar difícil para la

mayoría de las _____ . Se trata en este momento de

cómo se está fabricando la vacuna contra la _____ , una

vacuna _____ .

2. —¿Qué _____ _____

   sintético?

   —Sintético quiere decir que no es un producto _____

   sino que es un producto hecho por el _____ en una

   forma _____ , a expensas de reacciones químicas o…

3. —Ay… no _____ , profesor. _____

   _____

4. —Y, entonces, estas sustancias, entre _____

   _____ , que se llaman reactantes, producen un tercer

   _____ que es el que vamos a llamar sintético. Porque el

   medio ha sido creado por fuera de un _____ _____ .

5. —Bueno, O.K., vuelvo otra vez. Ah, dos sustancias se juntan en un medio adecuado

   y para que la reacción sea _____ , se usa una

   _____ sustancia que _____

   catalizador y da un _____ . Y este producto es el

   que viene siendo finalmente la _____

   _____ que se va a utilizar después, eh, contra cualquier

   _____ .

## DESPUES DE ESCUCHAR

**R.** Ven a clase preparado(a) a explicar un proceso sencillo, definir una palabra o describir a una persona, un animal o una cosa sin decir lo que es. Los demás tratarán de adivinar de qué hablas.

## CONVERSACION 3: OPINIONES SOBRE UNA PELICULA

## ANTES DE ESCUCHAR

**RR.** En la tercera conversación tres amigos conversan sobre una película que vieron recientemente. Con tus compañeros de clase contesta las siguientes preguntas.

1. ¿Te gustaría ver la película que aparece en la página 17? ¿Por qué?
2. ¿Qué tipo de película prefieres?

   _____ las románticas

   _____ las de horror

   _____ las de aventuras

   _____ las musicales

   _____ las cómicas

   _____ las documentales

   _____ las que tienen un mensaje intelectual

   _____ ??

3. ¿Para qué vas al cine?

_____ para divertirme

_____ para aprender

_____ para ver la escenografía

_____ para ver la actuación de los artistas

_____ para escaparme de la vida diaria

_____ para formar una opinión sobre el mensaje

_____ ??

## ESCUCHAR

**S.** Escucha la tercera conversación recordando que hablan bastante rápido y que no vas a entender todas las palabras. Escucha pensando en las siguientes preguntas. Escucha tantas veces como sea necesario. Cada vez comprenderás un poco más.

1. ¿De qué película hablan? _____

2. ¿Qué opinan de la película? _____

3. ¿Qué aspectos de la película les gustaron más? _____

_____

_____

_____

4. ¿En qué no están de acuerdo? _____

_____

memomemomem

Expresiones útiles para hablar de las películas

| | |
|---|---|
| **Oye, ¿viste la película... ?** | Listen/Say, did you see the movie . . . ? |
| **¡Qué película!** | What a movie! |
| **Me gustó mucho.** | I liked it a lot. |
| **Me pareció una película fascinante.** | It seemed to me like a fascinating movie. |
| **Es muy divertida.** | It's a lot of fun. |
| **Fíjate que la actuación es impresionante.** | The acting is really impressive. |
| **Y la escenografía es maravillosa.** | And the scenery is marvelous. |
| **Los actores son increíbles.** | The actors are incredible. |
| **Por supuesto, me divertí mucho.** | Of course, I had a great time. |
| **Debes ir.** | You should go. |
| **Vale la pena.** | It's really worthwhile. |
| **Te va a gustar.** | You're going to like it. |
| **(No) es fácil de entender.** | It's (not) easy to understand. |
| **Tiene lugar en México.** | It takes place in Mexico. |
| **Hay un desenlace inesperado, pero feliz.** | There is a surprise ending, but it's a happy one. |

**T.** Hablas con un(a) amigo(a) de una película nueva que acabas de ver. Trata de convencerle que vaya a verla sin contarle el argumento (*plot*). (¡O que **no** vaya a verla!) Puedes hablar de lo que quieras incluso el tipo de película, los actores, el lugar, la actuación, el mensaje y la escenografía. Después, tu compañero(a) te hablará de otra película que ha visto él (ella). Recuerda que el (la) que escucha también hace un papel importante en la conversación, y debe comentar, reaccionar, preguntar y prestar mucha atención.

¿Estás listo(a) para conversar y comprender?

En este capítulo preliminar hemos presentado muchas frases y estrategias que te ayudarán a conversar mejor en español. Esperamos que entiendas el enfoque de este libro y que ahora te sientas más preparado(a) para empezar a manejar conversaciones en español. En los próximos capítulos vas a tener muchísimas oportunidades de practicar y de aprender más. Estamos seguros de que después de terminar este libro tendrás una mayor habilidad para participar en conversaciones con otras personas que hablan español a un nivel mucho más alto.

¡Buena suerte!

¡Sigamos adelante!

# Capítulo 1

# INITIATING AND CLOSING CONVERSATIONS

# ¡Mucho gusto!

## NUEVOS AMIGOS

## INTRODUCCION

*etc.*

**Nombre:** María E. Cardona.
**Dirección:** Av. Roberto Díaz #186 (Bajos), Cayey 00633, PUERTO RICO.
**Edad:** 21 años.
**Pasatiempos:** Escribir, practicar deportes, escuchar música, bailar y tener amigos alrededor del mundo.

**Nombre:** Benita Hernández.
**Dirección:** P.O. Box 337, Richgrove, Ca. 93261-0337, ESTADOS UNIDOS.
**Edad:** 19 años.
**Pasatiempos:** Leer revistas, escribir, escuchar música, practicar deportes, bailar, ir al cine y tener muchos amigos.

**Nombre:** Ramón Ruano Gomera.
**Dirección:** Aguacate #509, Apto. 206, e/Sol y Muralla, Habana 1. CUBA.
**Edad:** 17 años.
**Pasatiempos:** Leer, escribir, escuchar música y tener muchos amigos en todas partes del mundo.

*etc.*

**Nombre:** Eladio M. Otañez.
**Dirección:** Clemente Guzmán #23, Manoguayabo, Santo Domingo, REPUBLICA DOMINICANA.
**Edad:** 22 años.
**Pasatiempos:** Pescar, practicar deportes, leer, escuchar música, bailar, conversar y tener amigos por correspondencia.

*etc.*

■ **Flor Salvaje.** Viuda, 55 años, ama de casa. De mediana estatura, tez blanca, cabellos negros, dulce, cariñosa, extravertida, amigable. Quisiera conocer a "chicos Cosmo" de cualquier edad. Me encanta escribir, he escrito un libro.
**Dirección:** Cra. 2a. Oeste #10-74, Apto. 100, Santa Teresita, Cali, Colombia.

■ **Beatriz Parada.** Soltera, 26 años, administradora. Morena clara, atractiva, alegre, cariñosa y hogareña. Deseo conocer a joven rubio, de ojos azules, cariñoso.
**Dirección:** Casilla 2535, Sta. Cruz, Bolivia.

*etc.*

■ **Raúl Romero Díaz.** Profesor soltero de 34 años. Hogareño, fiel, desea encontrar a una señorita de 20-28 años, alegre, moderna, sencilla, esbelta, talentosa y católica, para casarse en corto plazo.
**Dirección:** Aptdo. Postal 818, Mérida, Yucatán, México.

¿Quieres ponerte en contacto con amigos de todas partes? Envíanos tus datos utilizando este cupón.

**Nombre:** _____
**Dirección:** _____
**Edad:** _____
**Pasatiempos:** _____

El cupón dirígelo a:
**LINEA DIRECTA REVISTA TU**
(Ver dirección en la pág. 3)

**A. Amistad internacional.** A todos nos gusta tener amigos agradables, y en este curso vas a conocer a muchos amigos nuevos—¡hablando en español, por supuesto! Vas a conocer bien a tus compañeros de clase, y es muy importante que ustedes sean buenos amigos. También conocerás a otras personas que hablan español. En tu universidad y en la ciudad donde vives, seguramente puedes encontrarte con algunos hispanohablantes. En general, son muy amables. También escribirás cartas a otras personas de habla española.

¿Qué te parecen las personas que han mandado sus datos personales a las revistas *Tú Internacional* y *Cosmopolitán de México*? Llena tu propio formulario; describe bien tus mejores cualidades y tus pasatiempos favoritos y compara tus datos con los de estas otras personas. ¿Con cuál de ellas tienes más en común? Escribe su nombre aquí:

**B. Nuestras amistades.** ¿Cómo saludamos? ¿Cómo nos presentamos? ¿Cómo conversamos?

Pedro Pregúntalotodo es un estudiante de inglés que acaba de llegar a los Estados Unidos, donde va a estudiar este año. Es muy simpático y quiere saber cómo comportarse correctamente en los Estados Unidos. Quiere tener muchos amigos. Contesta sus preguntas (en inglés, porque él necesita practicarlo).

1. Cuando saludas a tus mejores amigos en inglés, ¿qué haces y qué dices? (¿Les das la mano? ¿Los abrazas? ¿Los besas? ¿Depende de si son hombres o mujeres?)

   _____

2. ¿Cómo saludas a tus profesores? (¿Qué haces? ¿Qué les dices?) _____

   _____

3. Al despedirte, ¿qué haces?

   A los mejores amigos: _____

   A los profesores: _____

4. Cuando presentas a dos personas, ¿cómo lo haces? Por ejemplo,

   Dos amigos tuyos: _____

   Una señora mayor y un amigo: _____

5. Cuando te presentan a otra persona, ¿qué haces? ¿Qué dices? _____

   _____

6. Si dos personas están hablando, y tú quieres tomar parte en la conversación, ¿qué

   dices? _____

7. Y finalmente, si tienes prisa o no quieres continuar más la conversación, ¿qué dices?

   ¿Cómo terminas la conversación? _____

   _____

A.

**C. ¿Y los hispanos?** En el mundo hispánico, cuando dos personas se conocen, se dan la mano. También, al saludarse, los buenos amigos y los familiares se dan la mano, se abrazan o se besan en la mejilla. Con un(a) compañero(a), busquen la mejor descripción de las que aparecen en la página 22 para cada dibujo.

C.

B.

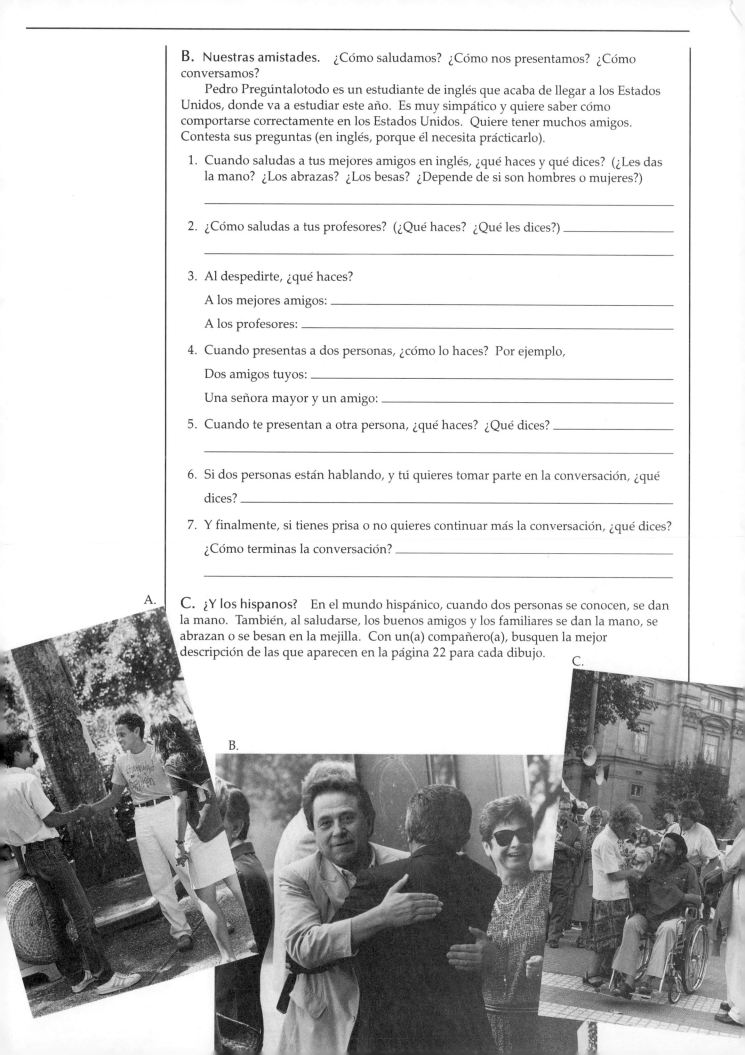

_____ 1. Dos viejos amigos se encuentran después de muchos años.

_____ 2. Dos personas se encuentran por primera vez.

_____ 3. Dos personas que pasan mucho tiempo juntas, se saludan como siempre.

En esta lección vas a tener oportunidad de conocer y saludar a muchas personas. ¡No te olvides de darles la mano, por lo menos!

Expresiones útiles para presentarse a otras personas

| | |
|---|---|
| **Hola, yo soy…**. | Hi, I'm . . . . |
| **Me llamo…**. | My name is . . . . |
| **Mucho gusto.** | I'm glad to meet you. |
| **¿Qué estudias?** | What are you studying? |
| **¿Cuál es tu especialización?** | What is your major? |
| **¿Cuándo te gradúas?** | When do you graduate? |
| **Quiero presentarles a…**. | I want you to meet . . . . |
| **Les presento a…**. | This is . . . . |

CH. ¿Conoces a tus compañeros de clase?   Si no conoces a algunos de tus compañeros, ¿qué te gustaría saber de ellos?  Escriban en la pizarra cinco o seis preguntas que podrías utilizar para conocerlos un poco mejor.  Luego, acércate a un(a) estudiante a quien no conozcas, salúdalo(la) (dale la mano), hazle preguntas, apunta las respuestas y presenta a tu nuevo(a) amigo(a) ante la clase. El (Ella) te presentará a ti también.

# ESCUCHAR Y PRACTICAR

## CONVERSACION 1: LAS VACACIONES Y LAS CLASES

ANTES DE ESCUCHAR

D. ¿Cómo te fue en las vacaciones?   En la primera conversación, dos estudiantes, amigos, se encuentran en la universidad después de las vacaciones de verano.  Haz una lista de lo que hiciste en tus últimas vacaciones y pregúntales a otros estudiantes lo mismo.  ¿Qué actividades semejantes hicieron?

Lo que hice yo: _____

_____

Lo que hicieron ellos: _____

_____

E. ¿Qué clases estás tomando? ¿A qué horas las tomas?   En la conversación, los dos estudiantes descubren que van a estar juntos en una clase.  Entrevista a un(a) compañero(a) y llena el siguiente horario con las horas de clase que tiene él (ella), sus horas de trabajo, las de las comidas, etc.

| HORAS | LUNES | MARTES | MIERCOLES | JUEVES | VIERNES | SABADO |
|---|---|---|---|---|---|---|
| 07h00 – 08h00 | | | | | | |
| 08h00 – 09h00 | | | | | | |
| 09h00 – 10h00 | | | | | | |
| 10h00 – 11h00 | | | | | | |
| 11h00 – 12h00 | | | | | | |
| 12h00 – 13h00 | | | | | | |
| 13h00 – 14h00 | | | | | | |
| 14h00 – 15h00 | | | | | | |
| 15h00 – 16h00 | | | | | | |

ESCUELA SUPERIOR POLITECNICA DEL LITORAL

### HORARIO DE CLASES

AÑO LECTIVO 19 – 19

TERMINO:
PARALELO:
UNIDAD ACADEMICA.

## ESCUCHAR

**F.** Ahora, escucha la primera conversación de tu cinta y contesta las siguientes preguntas.

¿De qué hablan primero? _____

¿Qué clase van a tener en común? _____

¿A qué hora van a tener esa clase? _____

**G.** ¿Qué dirías tú en inglés? Escucha otra vez y apunta los equivalentes en inglés de las expresiones para…

1. saludar: Hola, Carlos, ¿qué tal? ¿Cómo te va? _____

   _____

   _____

2. hablar del tema de las vacaciones: Mira, ¿cómo te fue en las vacaciones? _____

   _____

3. hablar del tema de las clases: ¿Qué clases estás tomando esta mañana? _____

4. expresar sorpresa: ¡No me digas! _____

   _____

5. expresar alegría: Oye, ¡qué gusto! _____

   ¡Qué maravilla! _____

6. despedirse: Nos vemos en clase, entonces. _____

   _____

DESPUES DE ESCUCHAR

Expresiones útiles para iniciar una conversación y expresar placer

| | |
|---|---|
| **¿Cómo te ha ido?** | How's everything gone for you? |
| **¿Qué tal tus vacaciones?** | How was your vacation? |
| **¿Lo pasaste bien?** | Did it go well?/Did you have a good time? |
| **Me alegro de verte otra vez.** | It's great to see you again. |
| **¿Qué clases tienes?** <br> **¿Qué cursos sigues?** } | What classes are you taking? |
| **Fíjate que yo también tengo…** | Hey, I have . . . , too. |
| **¡Estupendo!** | Stupendous! |
| **¡Fantástico!** | Fantastic! |
| **¡Fabuloso!** | Fabulous! |
| **¡Fenomenal!** | Phenomenal! |
| **¡Chévere!** <br> **¡Macanudo!** } | Cool! |
| **Bueno, te dejo. Nos vemos en la clase, entonces.** | Okay, I'll leave you. I'll see you in class, then. |
| **Bueno, tengo que irme.** | Well, I have to go now. |
| **Tengo mucha prisa. Hasta pronto.** | I have to run. I'll see you soon. |
| **Espérame en (la esquina).** | Wait for me on/in/at (the corner). |
| **Bueno, te espero.** | Okay, I'll wait for you. |
| **Chao.** | Bye. |

**H.** **¿Estás en mi clase de…?** Comparando los horarios que llenaron antes de escuchar la conversación, busca en tu clase a algún(a) estudiante que tenga otra clase contigo. Si nadie coincide contigo en otra clase, trabaja con un(a) compañero(a) de la clase de español. Situación: Se encuentran después de las vacaciones y están muy contentos al darse cuenta de que tienen algo en común.

## CONVERSACION 2: ¡CREO QUE YA NOS CONOCEMOS!

ANTES DE ESCUCHAR

**I.** **¿No es que ya te conozco?** En la segunda conversación, los tres jóvenes emplean unas expresiones muy interesantes cuando creen que ya se conocen. Con un(a) compañero(a), combina las expresiones con las traducciones más lógicas.

_____ 1. ¡Ay… ahora caigo!

_____ 2. ¿Te acuerdas?

_____ 3. ¡Qué gusto de verte otra vez!

_____ 4. Este mundo es un pañuelo.

_____ 5. Le das recuerdos a Margarita cuando la veas.

_____ 6. ¿Puedo interrumpir?

a. It's so great to see you again.
b. It's a small world!
c. May I interrupt?
d. Oh, now I get it!
e. Give my regards/Say hello to Margarita when you see her.
f. Do you remember?

**J.** ¿Cuál es tu nombre? ¿Y tu apellido?   Llena tu propia tarjeta de visita abajo.

hoteles

tryp

DIEGO  GARCIA  CARRASCO
*Director Comercial*

Teléfonos  215 38 29
          215 33 35
Télex: 42598 CNOR-E

Mauricio Legendre, 16
28046 Madrid (ESPAÑA)

ROBERTO  MERINO  MENA
DIRECTOR

tlx.- 48704.-
TELEF. 239 38 00

HOTEL R. CORTEZO
DOCTOR CORTEZO. 3
MADRID-12

HOTEL **Selu**

FERNANDO SERRANO ARIZA
DIRECTOR GERENTE

Telex 76659-SELU-E
14003 CORDOBA

Eduardo Dato, 7
Teléf. 47 65 00 (5 líneas)
Fax (957) 47 83 76

ESCUCHAR

**L.** Ahora, escucha la segunda conversación, en la que dos jóvenes conversan y el tercero se acerca; se hacen las presentaciones y terminan dándose cuenta de que ya se conocían.  Escribe **C** (cierto), **F** (falso) o **O** (no hay suficientes datos) y corrige las frases que sean falsas.

_____ 1. Carmencita es hermana de Margarita Zapata.

_____

_____ 2. Cristián y Carmencita se habían conocido en una fiesta.

_____

_____ 3. Se conocieron en Bogotá.

_____

_____ 4. Cristián está casado con Carmencita.

_____

_____ 5. Los dos están muy contentos de verse otra vez.

_____

_____ 6. Cristián ha viajado por todo el mundo.

_____

**LL. ¿Cómo lo dirías tú en inglés?**  Escucha otra vez y apunta lo que se dice en inglés en una situación semejante, para...

1. interrumpir: Eh, ¿puedo interrumpir? _____

    _____

2. presentarse: Buenas tardes.  Yo soy Cristián Rodríguez. _____

    _____

3. presentar a otra persona: Mira, te presento a mi prima. _____

    _____

4. ser presentado(a): Ah, mucho gusto.  Encantada. _____

    _____

5. terminar la conversación: Bueno, yo las dejo. _____

    _____

6. despedirse: Bueno, ¡que te vaya bien! _____

    _____

DESPUES DE ESCUCHAR

| Expresiones útiles para entablar una conversación | |
| --- | --- |
| **¿No nos conocemos?** | Don't I know you? |
| **Creo que ya nos conocemos.** | I think we've met before. |
| **Tengo la impresión de que te conozco.** | I have the impression that I've met you before. |
| **Creo que fue (en casa de mis tíos.)** | I think it was (at my aunt and uncle's house). |
| **¿No lo recuerdas?** | Don't you remember? |
| **¡Ah, es cierto!** | Oh, that's right! |
| **Ya me acuerdo.** | Now I remember. |
| **¡Qué pequeño es este mundo!** | What a small world this is! |

**M. ¡Hola, yo soy... !**  Con otros dos estudiantes, practica las presentaciones.  Haz el papel de la persona que hace la presentación y también el de una de las personas presentadas.

**N.** Conversaciones

1. Dos estudiantes están hablando de sus vacaciones y de sus clases, cuando otro(a) se acerca e interrumpe para participar en la conversación.

2. Tú y otro(a) estudiante se encuentran en la clase de español el primer día del semestre y tienen la impresión de que se han conocido antes.  Traten de recordar dónde se conocieron y cuándo.

# CONVERSACION 3: UNA PRESENTACION Y UN PLAN

<u>ANTES DE ESCUCHAR</u>

Ñ. **Quiero presentarte a....** Con otros estudiantes, compartan las expresiones que usarían en español para presentar a dos personas que no se conocen, si los dos fueran jóvenes amigos suyos.

Expresiones: _____

_____

Ahora, hagan una lista de expresiones que podrían usar para invitar a otra persona a tomar algo después de la clase.

_____

_____

_____

<u>ESCUCHAR</u>

O. **¿Qué dijeron?** Escucha la tercera conversación y escribe las expresiones que faltan.

— Carmen, _____

_____ _____

mi amiga, María José.

— _____ _____,

María José. ¿Cómo _____?

— Muy bien. Mucho _____

en _____.

— ¿Qué les _____

si después de clase _____

a tomarnos un _____?

— A mí _____ _____

muy buena idea. ¿Por qué no nos vamos?

— _____

_____ sí. ¡Vamos!

— Ya. Entonces, vamos a clase y _____

_____ _____

a la salida y vamos al café.

— _____. Hasta

_____.

— Muy bien. Nos _____

en una _____.

**Expresiones útiles para hacer y aceptar invitaciones**

| | |
|---|---|
| **Encantado(a).** | I'm pleased to meet you. |
| **¿Les gustaría (tomar un café) después de clase?** | Would you like (to have a cup of coffee) after class? |
| **¿Por qué no vamos a (la cafetería)?** | Why don't we go to (the cafeteria)? |
| **¡Me encantaría!** | I'd love to! |
| **¡Sí! ¿Por qué no?** | Yes, why not? |
| **¡Fenomenal!** | Great! |

**P.  Este(a) es...**    Ahora, con dos compañeros, a) se saludan, b) uno(a) presenta a los otros dos, que no se conocen y c) deciden tomar algo después de clase.

## ¿TU, USTED O VOS?

¿Cuándo se usa **tú** y cuándo se usa **usted?**  Según las normas tradicionales, se tratan de **tú**...

- los niños, los jóvenes, los estudiantes (entre sí);
- muchas veces, pero no siempre, los miembros de un grupo especial, como un club, o los compañeros de trabajo;
- los parientes y los amigos íntimos;
- los adultos a los niños.

Generalmente se tratan de **usted:**

- los niños a los adultos;
- los adultos que no se conocen bien, especialmente en situaciones de cierta formalidad;
- los adultos de diferentes niveles sociales o de diferente jerarquía en el trabajo.

En algunos países ya se tutea (se usa el **tú**) casi todo el mundo.  En otros países y regiones se mantiene la distancia tradicional entre personas de diferente edad o posición social, usando la forma de **usted**.

Además, el asunto se complica más en las regiones donde se usa el **vos.**  En Costa Rica y la Argentina, por ejemplo, no se oye el **tú (tú sabes, eres tú)** sino el **vos (vos sabés, sos vos).**  **Vos** es un pronombre personal que viene del español antiguo, y no es plural, sino singular; se usa para hablar con una persona: **vos sos = tú eres.**  En España se usa otra forma, **vosotros,** cuando se habla con más de una persona: **vosotros sois** (España) = **ustedes son** (Hispanoamérica).

Por ahora, no te preocupes por el **vos;** no lo necesitas, aunque es muy posible que lo oigas.

# ACTIVIDADES

## SITUACIONES

**Q. Encuentros.** Vas a participar ahora en unos encuentros imaginarios, como si no estuvieras en la clase sino en otros sitios. Con un(a) compañero(a), practica una de las siguientes situaciones y preséntenla a la clase.

1. Tienes un(a) nuevo(a) compañero(a) de cuarto en una residencia universitaria. Entras en el cuarto, y allí está tu nuevo(a) compañero(a). ¿Qué haces? ¿Qué dices? Entabla una conversación breve y despídete de él (ella).

2. Viven en apartamentos y son nuevos(as) vecinos(as). Uno(a) de ustedes es adulto(a), el (la) otro(a) es un(a) niño(a) de diez años. Se encuentran en el patio. ¿Qué dicen ustedes? Entablen una conversación.

3. Ustedes no se conocen. Están en un autobús que va de Guadalajara a la Ciudad de México. Tienen asientos vecinos. Conversen.

4. Uno(a) de ustedes está en problemas. Ha salido de su casa sin las llaves y ha cerrado la puerta dejando adentro las llaves. Va a la casa del (de la) otro(a) para usar el teléfono.

---

memo

Expresiones útiles para terminar una conversación

| | |
|---|---|
| **Bueno, tengo que irme.** | Well, I have to go now. |
| **Bueno, ha sido un placer.** | Well, it has been a pleasure. |
| **Bueno, nos vemos, entonces.** | Okay, I'll see you, then. |
| **¿Cuándo nos vemos otra vez?** | When will we see each other again? |
| **Hasta luego/pronto/más tarde.** | See you later/soon/later. |
| **¡Que te diviertas!** | Have a good time! |

---

**R. ¡En una fiesta internacional!** En casa, busca en una revista una fotografía grande de una persona y recórtala. Inventa un nombre, una historia y una personalidad para la persona. Tú vas a hacer el papel de esa persona en la siguiente situación. Practícala antes de venir a clase.

Situación: Todos están asistiendo a una reunión internacional, donde representan a sus universidades. Como no se conocen, dan una fiesta para conocerse. Habla con todas las personas que puedas. Recuerda que tienes que representar bien a tu institución.

UNIVERSIDAD DE SANTIAGO DE CHILE

**RR. ¿En qué se parecen?**   En casa, llena el siguiente cuestionario con tus propios datos.  En clase, compara tus respuestas con las de tres o cuatro compañeros para ver qué tienen en común.  ¿Con cuál de ellos tienes más en común?

---

AMIGOS, S.A.

Cuestionario                          Datos personales

Nombre: _____

Fecha de nacimiento: _____

Lugar de nacimiento: _____

Cursos favoritos: _____

Música predilecta: _____

Pasatiempos favoritos: _____

Talentos y destrezas especiales: _____

_____

Lugar favorito: _____

Color favorito: _____

Clubes y organizaciones: _____

_____

Otras características que considero importantes: ____

_____

_____

---

**Expresiones útiles para presentar a otras personas**

| | |
|---|---|
| **Este(a) es mi hermano(a).** | This is my brother/sister. |
| **Este(a) soy yo.** | This is me. |
| **Aquí estoy con mi amigo(a).** | Here I am with my friend. |
| **Mi amigo(a) es muy inteligente.** | My friend is very intelligent. |
| **Es abogado(a).** | He's (She's) a lawyer. |
| **¿Es soltero(a)?** | Is he (she) single? |
| **No, es casado(a).** | No, he's (she's) married. |
| **viudo(a).** | widowed. |
| **está divorciado(a).** | divorced. |
| **Lo (La) quiero mucho.** | I love him (her) very much. |
| **¿Hace cuánto tiempo que lo (la) conoces?** | How long have you known him (her)? |
| **¡Qué guapo(a)!** | How good-looking! |
| **¡Qué bueno/bien!** | That's great! |

memomem

**S. Les presento a mi hermana.**   Trae a clase una foto de un(a) miembro(a) de tu familia o de un(a) amigo(a) y presenta a esta persona a un grupo de compañeros de clase.  Tus compañeros te harán preguntas para conocerla mejor.

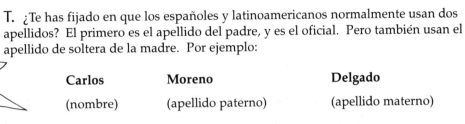

**T.** ¿Te has fijado en que los españoles y latinoamericanos normalmente usan dos apellidos? El primero es el apellido del padre, y es el oficial. Pero también usan el apellido de soltera de la madre. Por ejemplo:

| **Carlos** | **Moreno** | **Delgado** |
|---|---|---|
| (nombre) | (apellido paterno) | (apellido materno) |

Ahora, pregúntales a cinco compañeros su apellido paterno y materno y su número de teléfono. Hagan una guía telefónica de la clase para llamarse durante todo el curso. (En una lista de nombres, el apellido del padre está en orden alfabético.)

| Nombre | Apellido paterno | Apellido materno | Teléfono |
|---|---|---|---|
| | | | |
| | | | |
| | | | |
| | | | |
| | | | |

Ahora, en casa, llama a un(a) compañero(a) de clase para conocerlo(la) mejor. Si quieren, pueden hacer un plan para hacer algo más tarde u otro día.

**U.** Ya has tenido la oportunidad de conocer a muchas personas, tanto verdaderas como imaginarias y has conversado con ellas. ¿Te gustaría trabar amistad con una persona de habla española fuera de clase? Algunos posibles amigos podrían ser:

- alumnos extranjeros estudiando en escuelas secundarias y universidades;
- estudiantes en los centros especiales de educación para adultos, cuyo idioma materno es el español;
- jubilados que viven en comunidades especiales para personas mayores y en asilos para ancianos—¡A muchos les encantaría ayudarte y participar en tus proyectos!;
- comerciantes extranjeros que trabajan en empresas internacionales, y sus familias;
- dueños de restaurantes hispánicos;
- otros profesores de español.

También puedes consultar con los consulados de varios países y hablar con los que han servido en el Cuerpo de Paz (*Peace Corps*) de los Estados Unidos y otros que han vivido en países hispánicos. Si no hay nadie más, siempre puedes entrevistar a estudiantes más avanzados.

Busca a tal persona y entrevístala. Haz una lista de preguntas como la que hiciste para entrevistar a tus compañeros de clase. Toma apuntes o graba la conversación para escuchar la cinta en clase.

**V.** En tu ciudad o universidad, ¿hay algún canal en español? En muchas ciudades de nuestro país se reciben transmisiones de la cadena Univisión, totalmente en español. Mira unos cuantos programas para ver cómo se saluda la gente, cómo se despide, cómo se presenta y cómo conversa. Toma apuntes y haz un informe para la clase.

# vocabulario
palabras y expresiones que
quiero recordar

# Capítulo 2

# «¿Qué estudias?»

## LA VIDA UNIVERSITARIA

---

## INTRODUCCION

---

**A. Iniciando una conversación.**  Muchas veces, queremos iniciar una conversación con alguien nuevo(a), pero no sabemos qué decir.  Una buena manera de empezar es encontrar un tema que podemos discutir fácilmente—alguna cosa que tenemos en común con la persona a quien queremos conocer.  Hablar de la vida universitaria y los cursos es una manera fácil de iniciar una conversación animada con un(a) desconocido(a).

Empezar y mantener una conversación requiere la atención y la ayuda de todos los participantes.  Todos tienen que escuchar, pensar y expresarse de tal manera que los otros puedan entender.  Si no entienden, es necesario resolver el problema.  ¿Por qué no entienden?  ¿Qué puedo decirles para aclarar mis ideas?

El objetivo de este capítulo es aprender a iniciar y desarrollar una conversación dentro del contexto de la universidad.  Usando las materias sobre cursos que aparecen abajo como tema, inicia una conversación con un(a) compañero(a) de clase sobre las asignaturas que necesitas en tu propia carrera.  ¡No olvides de presentarte primero!

**GRADOS Y DIPLOMAS QUE OTORGA
LA UNIVERSIDAD DE PUERTO RICO
EN EL RECINTO DE RIO PIEDRAS**

**DIPLOMAS**
Facultad de Administración de Empresas: Diploma en Ciencia Secretarial
**BACHILLER EN ADMINISTRACION COMERCIAL**
Facultad de Administración de Empresas: Programa General y Especializaciones en Contabilidad, Economía, Estadísticas, Finanzas

Gerencia de Operaciones, Mercadotecnia, Administración de los Recursos Humanos de la Empresa y Sistemas Computarizados de Información

**BACHILLER EN ARTES**
Facultad de Ciencias Sociales: Programa General y especializaciones en
Antropología, Bienestar Social, C_____ ___ias Políticas, Cooperativismo, Economía, Geografía, Psicología, Rela_____ ___ Sociología.

Facultad de Estudios Generales:

Facultad de Humanidades: Pr_____
Drama, Estudios Hispánicos, E_____
Historia del Arte, Inglés, Lite_____

Facultad de Pedagogía: Pro_____
ciones en Arte, Ciencias, E_____
Enseñanza de Inglés a His_____
Música y Teatro, Programa General en _____
Educación Secundaria con especializaciones en Arte
logía, Ciencias, Educación Comercial (Programa General y Sec_____
cación Física, Educación Vocacional Indusrial, Enseñanza de Inglés _____
_____parlantes, Español, Estudios Sociales, Economía Doméstica, Física,
_____ Inglés, Matemáticas, Música, Química y

**BACHILLER EN CIENCIAS**
Facultad de Ciencias Natura_____
Biología, Física, Química, M_____
Facultad de Pedagogía:. En_____
General y especializaciones _____
Nutrición y Dietética.
_____NCIA S_____

### ESTRUCTURA GLOBAL DE LA CARRERA

| ASIGNATURAS | Nº DE ASIGNATURAS | Nº DE CREDITOS |
|---|---|---|
| CIENCIAS BASICAS | 11 | 80 |
| BASICAS DE INGENIERIA | 13 | 46 |
| BASICAS DE ESPECIALIDAD | 11 | 62 |
| PROFESIONALES DE ESPECIALIDAD | 13 | 68 |
| COMPLEMENTARIAS | 4 | 8 |
| TOTALES | 52 | 264 |

# ESCUCHAR Y PRACTICAR

## CONVERSACION 1: ES HORA DE PENSAR EN EL FUTURO

ANTES DE ESCUCHAR

**B.** ¿Qué quieres hacer en el futuro?  Durante los últimos años de la escuela secundaria los estudiantes empiezan a pensar en lo que quieren hacer en el futuro. Están terminando una época de su vida y comienzan a hacer planes para otra.  Piensan. Hablan con sus amigos.  Consultan a los consejeros.  Leen libros.  Conversan con sus padres.  Parece que hay cuatro cuestiones principales:

1. ¿Seguir o no los estudios?  Comenta con tus compañeros de clase las ventajas y las desventajas de asistir a la universidad.

Ventajas                                          Desventajas

_____                _____

_____                _____

_____                _____

_____                _____

_____                _____

¿Estas ventajas o desventajas son distintas para estudiantes diferentes?  Explica.

2. ¿Qué universidad? Piensa con tus compañeros en la variedad de universidades y «colleges» que existen en los EE.UU. ¿Cuáles son los aspectos más importantes que se deben considerar antes de decidirse a asistir a determinada universidad?

_____

_____

_____

3. ¿Cómo pagar los gastos? Considera con los demás cuánto cuesta asistir a la universidad y cómo se puede ganar el dinero para pagar todos los gastos. ¿Qué posibilidades hay?

_____

_____

_____

4. ¿Qué se hace para matricularse? Habla de todos los requisitos con los que tiene que cumplir uno antes de poder matricularse en la universidad. ¿Puedes hacer una lista de tres de esos requisitos?

_____

_____

_____

_____

_____

C. Opiniones.   En la primera conversación unos padres hablan con su hija acerca de sus planes para matricularse en la universidad.  Piensa en lo que te parece que diría la hija, lo que diría su madre y lo que diría su padre.  Apunta las ideas más importantes de cada persona.

hija: _____

_____

madre: _____

_____

padre: _____

_____

## ESCUCHAR

CH. La matrícula.   Ya tienes algunas ideas y ya sabes algunas palabras relacionadas con el tema de la matrícula.  Recuérdalas mientras escuches la conversación. Probablemente no vas a comprender todo lo que se dice en la cinta.  Sigue escuchando la conversación varias veces prestando más atención cada vez a cierto aspecto de la conversación hasta que comprendas casi todo lo que dicen.  Recuerda que no es necesario entender todas las palabras para comprender la conversación.

Ahora, escucha la primera conversación fijándote en la actitud de las tres personas y contesta las siguientes preguntas.

1. ¿Cuál es la actitud de Marta, la hija?

   _____

   a.  ¿Quiere seguir estudios en la universidad?

   _____

   b.  ¿Quiere hablar de eso con sus padres?

   _____

2. ¿Cuál es la actitud de los padres?

   a.  ¿el padre?

   _____

   b.  ¿la madre?

   _____

**D. Distintos puntos de vista.** Ahora, escucha la conversación otra vez fijándote en el punto de vista de cada persona y contesta las siguientes preguntas.

1. Desde el punto de vista del padre

   a.  ¿Qué es importante? ¿Por qué?

   _____

   b.  ¿Con qué tiene uno que cumplir?

   _____

   c.  ¿Qué tiene uno que escribir?

   _____

2. Desde el punto de vista de la madre

   a.  ¿Qué necesita la hija?

      1. _____

      2. _____

3. Desde el punto de vista de la hija

   a.  ¿Sabe a qué universidad quiere asistir?

   _____

   b.  ¿Sabe a quién puede pedir una carta de recomendación?

   _____

   c.  ¿Cómo está ella al final de la conversación?

   _____

**E. En realidad...** Compara el contenido de la conversación con lo que esperabas oír, es decir, con lo que creías que dirían. (Ejercicio **C**.)

1. Semejanzas—De las ideas que había en tu lista, ¿cuáles trataron?

   _____

   _____

2. Diferencias—¿Cuáles omitieron?

   _____

   _____

**F. ¿Quién habla?** Escucha la conversación una vez más, e indica con una **P** (padre), una **M** (madre) o una **H** (hija), ¿qué persona dijo lo siguiente?

1. es importante que pienses en la matrícula _____
2. incluso solicitas formularios para pedir una beca _____
3. son muy, muy costosas _____
4. es importante pedir referencias _____
5. tendrás que escribir una… un ensayo _____
6. ustedes me pueden ayudar _____
7. me estoy entusiasmando _____

**G. ¿Qué hará Marta?** Escucha otra vez, si es necesario, para saber lo que va a hacer Marta para comenzar a tramitar su matrícula.

1. _____
2. _____
3. _____

Expresiones útiles para empezar y continuar una conversación

| | |
|---|---|
| **Hola, ¿qué tal?** | Hi, how are you? |
| **¿Qué hay de nuevo?** | What's new? |
| **¿Qué hay?** | What's up? |
| **¡Qué va!** | Nonsense! |
| **¡Claro!** | Of course! |
| **¡Exacto!** | That's right! |
| **Eso es cierto.** | That's true. |
| **¿Verdad?** | Really? |
| **No me digas.** | You don't say. |
| **¿Y qué mas?** | And what else? |
| **Oye, ¿sabes una cosa?** | Listen, do you know what? |
| **Sigue. Dime más.** | Go on. Tell me more. |

Expresiones útiles para hablar del ingreso a la universidad

| | |
|---|---|
| **¿Piensas seguir con tus estudios?** | Do you intend to continue your studies? |
| **¿A qué universidad vas a asistir?** | What university are you going to attend? |
| **¿Quieres asistir a una universidad pública o a una privada? ¿Por qué?** | Do you want to attend a public or a private university? Why? |
| **¿Quieres asistir a alguna universidad que esté dentro del estado o a una situada en otro estado? ¿Por qué?** | Do you want to attend an in-state or an out-of-state university? Why? |
| **¿Qué quieres estudiar?** | What do you want to study? |
| **¿Cómo vas a pagar los gastos?** | How are you going to pay your expenses? |
| **¿Has pensado en los trámites de matrícula?** | Have you thought about application procedures? |
| **¿Qué has hecho? (hablar con tus padres y tus amigos, pedir informes a tu consejero/a, pedir consejos a tus profesores, pedir formularios de solicitud, llenarlos, pedir referencias, escribir el ensayo y enviarlo todo a la oficina de matrícula)** | What have you done? (talk to your parents and friends, ask your counselor for information, ask your professors for advice, request application forms, fill them out, ask for references, write an essay and send everything to the admissions office) |

**H.** ¿Qué opinan?   Comenta el ingreso a la universidad con tus compañeros.

1. Tú estás en el último año de escuela secundaria. Hablas con un(a) amigo(a) que piensa matricularse en la universidad. Prepara una lista de preguntas, por lo menos diez, que puedas hacerle para averiguar lo que ya ha hecho y lo que le queda por hacer.

2. Habla de la matrícula con algún(a) compañero(a) y háganse las preguntas ya preparadas. También, debes hacerle otras preguntas que se te ocurran durante la conversación.

3. Diles a los demás todo lo que sabes sobre los planes de matrícula de tu compañero(a).

ANTES DE ESCUCHAR

**I. Actividades diarias.** Con tus compañeros comenta las actividades de los estudiantes y de los profesores.

1. Las clases que se dan
2. Los días
3. Las horas
4. El horario de los estudiantes
   a. Las clases  b. Las tareas  c. Las actividades sociales  d. Otras actividades
5. El horario de los profesores
   a. Las clases  b. La preparación de clases  c. La investigación  d. Las actividades sociales  e. Otras actividades

Es obvio que todos estamos muy ocupados y que por lo menos en los EE.UU. vivimos de acuerdo con el trabajo que tenemos. El reloj nos ayuda a organizar las actividades, incluso los deberes y los placeres del día. Así podemos disfrutar mejor de todas las posibilidades que nos presenta la vida.

**J. ¿Cómo es tu horario?** La segunda conversación trata del horario de dos estudiantes. Antes de escucharla, piensa en tu propio horario.

1. ¿Qué clases tomas?

   _____

2. ¿En qué días tienes clases?

   _____

3. ¿A qué hora son las clases?

   _____

4. ¿A qué hora comes?

   _____

ESCUCHAR

**L. ¡Tengo mucho que hacer!** Ahora, escucha la primera parte de la segunda conversación, en la que dos estudiantes conversan sobre su horario, y escribe las palabras que faltan.

—José, _____ _____

estoy tomando demasiados créditos _____

_____ .

—Y eso, ¿ _____ _____ , Rodolfo?

—Me _____ _____ demasiadas clases.

—No, _____ eso es _____

elimina algunos _____ .

— Pero no, ya estoy _____ en todos y no puedo

_____ ahora.  Pero _____

una cosa.  ¿Tú estás tomando _____ ?

— Sí, _____ _____

_____ de filosofía a las tres con el

_____ _____.

**LL.  ¿Qué pasó?**   Ahora escucha toda la conversación para enterarte de algunas cosas generales.

1.  ¿Por qué se preocupa Rodolfo?

_____

2.  ¿Qué le sorprende a él?

_____

3.  ¿En qué días quiere almorzar con José?

_____

4.  ¿A qué hora puede almorzar?

_____

**M.  ¿Qué dirías tú en inglés…?**   A veces es posible entender una palabra desconocida fijándose en otras palabras de la oración, es decir, en el contexto.  Escucha las otras palabras, piensa en el contexto y escribe lo que se dice en inglés en lugar de las siguientes palabras o expresiones.

1.  Me asignan… _____

2.  … ya estoy inscrito en todos… _____

3.  … no puedo dejarlos ahora… _____

4.  … a pasar la materia. _____

5.  … almuerzas. _____

6.  … sino cenar nada más. _____

# DEPARTAMENTO
# DE IDIOMAS

| PROGRAMA | MENCIONES | ESPECIALIDADES | GRADO |
|---|---|---|---|
| MAESTRIA EN ARTES | LINGÜISTICA | LINGÜISTICA HISPANICA  LINGÜISTICA INGLESA | MAGISTER ARTIUM EN LINGÜISTICA |
| | LITERATURA | LITERATURA CHILENA | MAGISTER ARTIUM EN LITERATURA |

memomemomemo

Expresiones útiles para informarse sobre el horario

| | |
|---|---|
| **Dime, por favor, ¿qué haces a las ocho?** | Tell me, please. What do you do at eight o'clock? |
| **¿A qué hora almuerzas?** | What time do you eat lunch? |
| **¿Hasta qué hora estudias?** | Until what time do you study? |
| **¿Tu clase dura hasta las nueve?** | Does your class go on until nine? |
| **¿Y la cena? ¿A qué hora cenas?** | And dinner? What time do you eat dinner? |
| **Pero, hombre (mujer), ¿no duermes?** | But, good heavens, don't you sleep? |
| **¿Vas a la clase a las diez en punto?** | Do you go to class at ten sharp? |
| **¿Con quién almuerzas?** | With whom do you eat lunch? |
| **¿Siempre llegas a tiempo?** | Do you always arrive on time? |
| **No, a veces llego tarde (temprano).** | No, sometimes I arrive late (early). |
| **¿Cuánto tiempo dura la clase?** | How long does the class last? |
| **¿Siempre asistes a todas las clases?** | Do you always attend all the classes? |
| **No, a veces falto a una.** | No, sometimes I miss one. |
| **¿Qué clase tomas a la una?** | What class do you have at one o'clock? |
| **¿A qué hora es la clase?** | What time is the class? |
| **¿Qué días tienes esa clase?** | What days do you have that class? |

**N. ¿Cómo es tu día?**   Habla con un(a) compañero(a) de clase del horario.

1. Mira el horario que está en la página 43 y prepara las preguntas apropiadas para pedirle a un(a) compañero(a) de clase los datos necesarios para prepararle su horario.

2. Hazle a un(a) compañero(a) las preguntas que preparaste y llena su horario en la página 43. Luego, entrégale el horario llenado a ver si todo está bien.

3. Explícales el horario de tu compañero(a) a los demás estudiantes de la clase.

## CONVERSACION 3: NOS INTERESA ESTUDIAR EN EL EXTRANJERO

ANTES DE ESCUCHAR

**Ñ. Estudiar en el extranjero.**   Se dice que el mundo es cada vez más pequeño y parece que esto es la verdad. Hoy en día sabemos más que nunca de otros países y recibimos muchos de sus productos. Del mismo modo, hay turistas por todas partes. Como consecuencia muchos estudiantes quieren estudiar en el extranjero. Aunque hay más estudiantes de otros países que quieren estudiar aquí en los EE.UU., también hay muchos norteamericanos que van a estudiar un semestre o un año en el extranjero.

| | lunes | martes | miércoles | jueves | viernes |
|---|---|---|---|---|---|
| 7:00 | | | | | |
| 8:00 | | | | | |
| 9:00 | | | | | |
| 10:00 | | | | | |
| 11:00 | | | | | |
| 12:00 | | | | | |
| 13:00 | | | | | |
| 14:00 | | | | | |
| 15:00 | | | | | |
| 16:00 | | | | | |
| 17:00 | | | | | |
| 18:00 | | | | | |
| 19:00 | | | | | |
| 20:00 | | | | | |
| 21:00 | | | | | |

En clase, piensen ustedes en todas las respuestas que puedan dar a las tres siguientes preguntas.

1. ¿Por qué estudian tantos jóvenes en el extranjero?
2. ¿Qué beneficios sacan de ello?
3. ¿Qué pasos previos deben darse para estudiar en el extranjero?
   a. Para matricularse
   b. Para viajar al país

**O. Programas de estudio en el extranjero.**   En la tercera conversación algunos estudiantes que quieren estudiar en el extranjero hablan con la profesora García. Antes de escuchar la conversación, piensa en las preguntas que harías tú sobre los programas de estudio en el extranjero.

1. _____
2. _____
3. _____
4. _____
5. _____
6. _____
7. _____

ESCUCHAR

**P. ¿Qué pasó?**   Escucha la tercera conversación entre los estudiantes y la profesora e indica el orden de los cuatro temas más importantes.

_____ requisitos          _____ dónde vivir

_____ propósitos          _____ por cuánto tiempo

**Q. ¡Buena idea!**   La profesora tiene una actitud favorable. Escucha la conversación otra vez y escribe lo que dice ella para entusiasmar a los estudiantes cuando oye lo siguiente.

1. Eh, concretamente a la Universidad de Salamanca en España.

_____

2. Pero la experiencia me gustaría… me gustaría tenerla.

_____

**R. Quisiera saber…**   Los estudiantes van a la profesora para pedirle informes sobre los programas de estudio en el extranjero, pero ni ellos ni la profesora hace muchas preguntas. (Está claro que es posible obtener informes sin hacer preguntas.) Escucha y apunta las cuatro preguntas que hacen. Indica las de la profesora (**P**) y las de los estudiantes (**E**).

1. _____
2. _____
3. _____
4. _____

**RR. Más información.**   Escucha la conversación otra vez para poder contestar las siguientes preguntas.

1. Los estudiantes hablan de tres razones para estudiar en el extranjero. ¿Cuáles son?

a. _____

b. _____

c. _____

2. ¿Cuánto tiempo piensan pasar en el país?

_____

3. ¿Por qué les recomienda la profesora que vivan con una familia?

    a. _____

    b. _____

    c. _____

4. ¿Cuáles son los dos requisitos?

    a. _____

    b. _____

DESPUES DE ESCUCHAR

| Expresiones útiles para mantener la conversación en marcha | |
| --- | --- |
| **Entiendo todo, pero, ¿me lo podrías explicar otra vez?** | I understand everything, but can you explain it to me again? |
| **Pero, tú sabes que eso me importa mucho.** | But you know that that is very important to me. |
| **Un momento.** | Just a moment. |
| **Yo también. (Ni yo tampoco.)** | Me, too. (Neither do I.) |
| **Claro que sí, pero no es tan sencillo.** | Of course, but it isn't so simple. |
| **(Vamos) A ver.** | Let's see. |
| **¿De qué depende?** | On what does it depend? |

| Expresiones útiles para expresar opiniones | |
| --- | --- |
| **Desde mi punto de vista, es necesario….** | From my point of view, it's necessary . . . . |
| **Por otra parte,….** | On the other hand, . . . . |
| **Lo que (no) me gusta es….** | What I (don't) like is . . . . |
| **Y ¿a ti?** | And you? |
| **A mí, también,….** | Me, too . . . . |
| **A mí, no.** | Not me. |
| **A mí, sí.** | I do. |
| **Tienes razón, pero….** | You're right, but . . . . |
| **A mí me parece que….** | It seems like . . . . |
| **Es importante….** | It is important . . . . |
| **No estoy de acuerdo.** | I don't agree. |
| **¿Qué piensas tú?** | What do you think? |
| **A ti, ¿qué te parece?** | What do you think? |

**S. ¿Y Uds.?** Habla con dos compañeros sobre la posibilidad de estudiar en el extranjero.

1. Piensa en las razones para ir al extranjero a pasar un año estudiando y en las razones para quedarte en tu propia universidad. Apunta las que están a favor y las que están en contra.

| Razones a favor | Razones en contra |
|---|---|
| _____ | _____ |
| _____ | _____ |
| _____ | _____ |
| _____ | _____ |
| _____ | _____ |

2. Comenta con los demás estudiantes las razones principales para seguir sus estudios en otro país o aquí en los EE.UU.

## ACTIVIDADES

### SITUACIONES

T. Para ganar una beca...  ¿Quieres estudiar en el extranjero?  En casa, llena el formulario que se encuentra en la página 47 para solicitar una beca como estudiante de intercambio en la Universidad Autónoma de San Gerónimo.

Forma un equipo con otros tres compañeros(as) y, de entre otro grupo de cuatro estudiantes, seleccionen a uno(a) para el programa de intercambio.  Primero hagan una lista de las cualidades más importantes que debe tener un(a) estudiante de intercambio.  Si quieren, pueden usar estas expresiones para empezar.

**Es importante saber el idioma.**
**Creo que el (la) mejor aspirante es el (la) que...**
**Y además, debe...**
**Y otra cualidad importante es...**

_____

_____

_____

_____

_____

Ahora, estudien las solicitudes del otro grupo (mientras que el otro grupo estudia las solicitudes de ustedes) y escojan los (las) dos aspirantes que les parezcan mejores.  Si quieren, pueden usar estas expresiones para empezar.

**Bueno, éste(a) tiene (es) más...**
**Pero por otra parte...**
**Pero fíjense que...**

Entrevisten a los dos estudiantes que han escogido.  Preparen tres preguntas para averiguar si tienen las cualidades que a ustedes les parecen importantes en un(a) estudiante de intercambio.

## PROGRAMA DE INTERCAMBIO

Su universidad: _____

Nombre y apellidos: _____

_____

Dirección: _____

_____

Teléfono: _____ Edad: _____ Estado civil: _____

Especialización en los estudios: _____

Promedio de las calificaciones: _____

Promedio de calificaciones en español: _____

Estancia en otros países:

    ¿Ha vivido en otro país? _____   _____
                            Sí         No

    Si la respuesta es afirmativa, ¿en qué país(es) ha vivido y durante cuánto tiempo vivió allí?

    País                                    De…

_____

En San Gerónimo prefiero vivir:

    en una pensión _____    en una residencia universitaria _____

    con una familia _____    en un apartamento con otros

                                  estudiantes norteamericanos _____

Escriba un párrafo en el que explica las razones por las cuales usted desea estudiar en la Universidad de San Gerónimo.

_____

_____

_____

_____

1. _____

_____

2. _____

_____

3. _____

_____

Anota a continuación las respuestas de los estudiantes.

1. a. _____

_____

   b. _____

2. a. _____

   b. _____

3. a. _____

   b. _____

Decidan entre ustedes cuál de los aspirantes satisface mejor los requisitos y anuncien su decisión al otro grupo.

## EL EXAMEN PARA LA BECA

Cinco chicos presentaron un examen para una beca. Este constaba de cinco materias: latín, inglés, ciencias, matemáticas e historia. Cada una de ellas valía 60 puntos, los cuales se dividirían entre los 5 chicos. Curiosamente, cada chico fue primero en una materia, segundo en otra, tercero en otra, cuarto en otra y quinto en la otra. Sin embargo, las sumas de sus puntos obtenidos, diferían. La obtención de la beca estaba basada en las puntuaciones totales.

Se informaron los hechos siguientes:

Alfred obtuvo el tercer lugar en latín. Sin embargo en inglés obtuvo 27 puntos contra los 26 de David.

Bertram obtuvo 12 puntos en ciencias y fue el penúltimo lugar en matemáticas con sólo 2 puntos.

Cyril fue el último en historia con 10 puntos.

David, con 18 puntos, obtuvo el tercer lugar en matemáticas.

Egbert logró el primer lugar en historia, pero el último en ciencias, con sólo 9 puntos.

La máxima calificación en latín fue de 14 puntos.

*¿Quién ganó la beca, y cuál fue la puntuación total del ganador y sus rivales?*

U. ¿Quién gana la beca?   Con un(a) compañero(a) traten de resolver el problema arriba para ver cuál de los estudiantes gana la beca.  Lean la descripción de la dificultad y conversen, tratando de formular una estrategia para solucionarla. Cuando hayan llegado a una decisión, comparen el resultado con los resultados de las otras parejas.  Su profesor(a) les dará la solución correcta.

**V. Especialidades.**   En un grupo de tres compañeros, comparen sus especialidades, las ventajas y desventajas de cada una y por qué a cada uno le gusta la suya.  Hablen, por ejemplo, de los requisitos, del número de horas que tienen que estudiar cada día, de si tienen laboratorio o alguna otra tarea especial fuera de clase, del costo de los libros, del número de estudiantes en cada clase, de si conocen bien a los profesores y de las oportunidades futuras que ofrece cada especialidad.

**X. Una buena conversación.**   Tu profesor(a) te va a dar una lista de los datos que debes conseguir de dos de tus compañeros.  Ellos también te harán preguntas a ti. Háganse las preguntas, pero no se limiten a un simple procedimiento de preguntas y respuestas, sino que traten de añadir otros temas como en una verdadera conversación y al contestar las preguntas de sus compañeros, agreguen más datos, comentarios interesantes y anécdotas personales.

**Y. Una escena.**   Es una conversación entre un(a) estudiante universitario(a) y su padre o madre.  El (La) muchacho(a) ya ha terminado su primer año y acaba de volver a casa para las vacaciones de verano.  Una noche su padre (madre) empieza a hablarle del futuro y de su especialidad.

El padre (La madre) cree que todavía quiere ser médico(a) y que sigue en el programa de «pre-med.»  Está orgulloso(a) de su hijo(a) y sabe que la medicina es una buena carrera con buena reputación y mucho dinero.  Está empeñado(a) en que su hijo (a) sea médico(a).

El (La) hijo(a) no le ha dicho que ha cambiado de parecer.  No le gustan los cursos que se tienen que estudiar en «pre-med» ni tampoco quiere ser médico(a).  Piensa especializarse en lenguas extranjeras o en cualquier otro campo.  Ama mucho a su padre (madre) y no quiere decirle lo que piensa hacer.  Comprende el punto de vista de su padre (madre), pero no tiene más remedio que decírselo.  Trata de explicarlo todo de tal manera que su padre (madre) comprenda y que esté de acuerdo con sus deseos.

## FUERA DE CLASE

**Z.**  Ve a la biblioteca para buscar y estudiar los programas de alguna universidad de un país de habla española.  ¿En qué son semejantes o diferentes a los de las universidades norteamericanas? Explícales a tus compañeros de clase lo que averiguaste.

**AA.**  Ve a la oficina de programas para estudiar en el extranjero que tienen en tu universidad y lee lo referente a los estudios en países de habla española.  Describe el programa a tus compañeros de clase.

**BB.**  Si en tu universidad hay estudiantes o profesores que hayan estudiado en el extranjero, entrevista a uno(a) de ellos y pregúntale qué consejos les daría a aquellos estudiantes que quieren estudiar en el extranjero.

**Hacer**

1. _____
2. _____
3. _____

**No hacer**

1. _____
2. _____
3. _____

**Tener cuidado**

1. _____
2. _____
3. _____

**Evitar**

1. _____
2. _____
3. _____

**¿Qué les puede chocar más?**

1. _____
2. _____
3. _____

**¿Cómo se van a sentir fuera de su país?**

1. _____
2. _____
3. _____

# vocabulario palabras y expresiones que quiero recordar

# Capítulo 3

# 3

## DESCRIPTION AND CIRCUMLOCUTION

# « *Describeme...* »

### GENTE, COSAS Y LUGARES

## INTRODUCCION

**A.** No conozco la palabra, pero puedo describir lo que es. ¿Cómo explicas una cosa cuando no sabes decirla en español? Con un(a) compañero(a), escriban una descripción para cada una de las siguientes cosas, y luego compárenla con la descripción de otros dos estudiantes. Por último, busquen la palabra en español en el diccionario.

1. **diving board**

   nuestra explicación: _____

   _____

   la(s) palabra(s) en español: _____

2. **to hitchhike**

   nuestra explicación: _____

   _____

   la(s) palabra(s) en español: _____

BUSCO UNA COSA, NO SÉ CÓMO SE LLAMA EN ESPAÑOL, PERO ES COMO UNA BOLSA DE TELA PARA LLEVAR LOS LIBROS Y TIENE UN BOLSILLO PARA COSAS PEQUEÑAS. LOS ESTUDIANTES LO LLEVAMOS A LA ESPALDA O EN EL HOMBRO. ¿COMPRENDE?

AH, ¿BUSCA UNA MOCHILA?

INFORMACIÓN

52

3. **gift-wrapped**

nuestra explicación: _____

_____

la(s) palabra(s) en español: _____

4. **to daydream**

nuestra explicación: _____

_____

la(s) palabra(s) en español: _____

5. **subway**

nuestra explicación: _____

_____

la(s) palabra(s) en español: _____

Expresiones útiles para dar instrucciones

| | |
|---|---|
| **Camina hacia abajo.** | Go down. |
| **arriba y a la derecha.** | up and to the right. |
| **izquierda.** | left. |
| **Sigue derecho/recto.** | Continue straight ahead. |
| **¡Párate!** | Stop! |
| **Vuelve atrás.** | Go back. |
| **Dobla a la derecha/izquierda.** | Turn to the right/left. |

**B.** Laberinto.  Un(a) compañero(a) «ciego(a)» quiere trazar con un lápiz o bolígrafo el camino que hay que seguir para llegar al Gimnasio los Flacos desde la Heladería Dulcinea.  Dale instrucciones para que llegue al gimnasio con los ojos cerrados, sin salir del camino.  ¡El (La) compañero(a) no debe abrir los ojos!  Usa la forma **tú** con tu compañero(a).

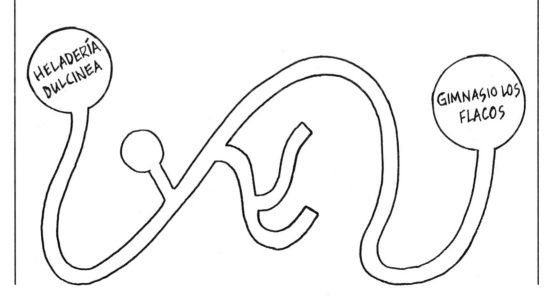

## CONVERSACION 1: INSTRUCCIONES PARA LLEGAR A UN LUGAR

ANTES DE ESCUCHAR

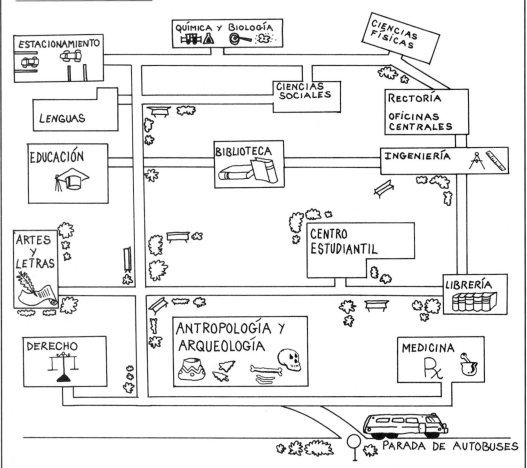

**C.** ¿Cómo llego al Centro Estudiantil?   Con un(a) compañero(a), sigue las instrucciones para llegar a un edificio.  ¿Qué edificio es?

1.  Del estacionamiento de coches, caminen hacia el sur hasta llegar a la Facultad de Educación.  Allí mismo, doblen a la izquierda y pasen por la biblioteca.  Sigan recto y llegarán a un edificio largo.  Creo que es la Facultad de Ingeniería.  Frente a ese edificio, al norte, está el que buscan.  ¿Cómo se llama? ¿Qué oficinas tiene?

2.  De la parada de buses, sigan la acera que conduce hacia el oeste, y después de pasar la Facultad de Antropología y Arqueología, doblen a la derecha.  Sigan derecho hasta llegar a la Facultad de Química y Biología, y allí doblen a la derecha otra vez y pasen la Facultad de Química y Biología. ¿Cuál es el próximo edificio a la izquierda?

ESCUCHAR

**CH.** ¿Cómo llego a… ?   Escucha la primera conversación y traza en el mapa el camino que el joven debe seguir para llegar a la casa de Mariana.  Escribe una **X** donde está la casa.

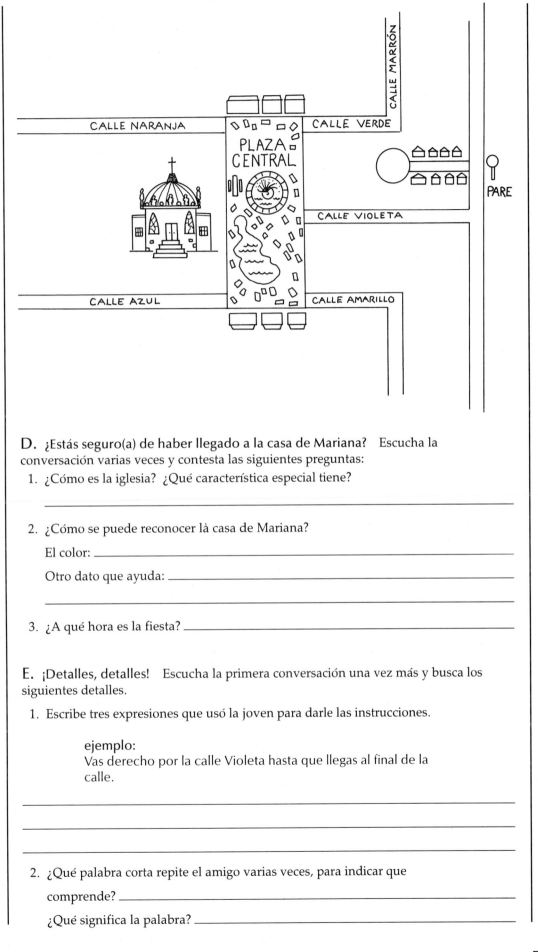

**D.** ¿Estás seguro(a) de haber llegado a la casa de Mariana? Escucha la conversación varias veces y contesta las siguientes preguntas:

1. ¿Cómo es la iglesia? ¿Qué característica especial tiene?

   _____

2. ¿Cómo se puede reconocer là casa de Mariana?

   El color: _____

   Otro dato que ayuda: _____

   _____

3. ¿A qué hora es la fiesta? _____

**E.** ¡Detalles, detalles! Escucha la primera conversación una vez más y busca los siguientes detalles.

1. Escribe tres expresiones que usó la joven para darle las instrucciones.

   > ejemplo:
   > Vas derecho por la calle Violeta hasta que llegas al final de la calle.

   _____

   _____

   _____

2. ¿Qué palabra corta repite el amigo varias veces, para indicar que

   comprende? _____

   ¿Qué significa la palabra? _____

**memo** **memo** **memo**

Expresiones útiles para preguntar y explicar cómo se llega a un lugar

| | |
|---|---|
| **Perdón, ¿puede decirme dónde queda (la Catedral)?** | Excuse me, could you tell me where (the Cathedral) is? |
| **¿Por qué calle voy para llegar a...?** | What street should I follow to get to...? |
| **¿Cómo puedo llegar al...?** | How can I get to...? |
| **Doble a la derecha/izquierda en la Avenida...** | Turn right/left on... Avenue. |
| **Siga derecho/recto tres cuadras por la Calle...** | Continue straight for three blocks along... Street. |
| **Camine una cuadra y media más.** | Walk another block and a half. |
| **Allí está, frente a (la iglesia).** | There it is, opposite (the church). |
| **Está allí a la vuelta.** | It's there around the corner. |
| **Está al fondo.** | It's clear at the back (end). |
| **Está a la izquierda/derecha.** | It's on the left/right. |
| **Está en la esquina de la Avenida... y la Calle...** | It's on the corner of... Avenue and... Street. |
| **Está entre la Calle... y la...** | It's between... and... Streets. |

**F.** Un plano de... Explícale a un(a) compañero(a) cómo llegar adonde tú vives o a algún otro sitio importante que quede cerca de la universidad. El (Ella) debe dibujar un plano y hacerte preguntas para poder llegar al sitio.

## CONVERSACION 2: LA PERSONA IDEAL

### ANTES DE ESCUCHAR

**G.** La persona ideal. Cierren los ojos, todos, y piensen en el hombre o la mujer que les gustaría tener como novio o novia. ¿Cómo es? ¿Qué aspecto tiene? ¿Qué personalidad tiene? ¿Cuál es su profesión? ¿Quisieras tener una cita con la persona? Luego, abran los ojos, y con un(a) compañero(a), hagan una lista de las palabras que describen a su persona ideal.

alto(a) _____ _____ _____

_____ _____ _____

_____ _____ _____

### ESCUCHAR

**H.** La cita de Rosa. Escucha la segunda conversación y marca con una **X** lo que oyes sobre una cita que tuvo Rosa con un joven muy agradable. No marques lo que no oigas.

_____ 1. Rosa salió con el joven el viernes pasado.

_____ 2. Lo conoció en una clase.

_____ 3. El se llama Roberto Avila.

_____ 4. Es alto y guapo.

_____ 5. Es moreno y tiene buen sentido de humor.

_____ 6. Va a ser ingeniero.

_____ 7. Roberto fue a buscar a Rosa en su casa.

_____ 8. Cenaron juntos, bailaron y fueron a una fiesta.

_____ 9. Pasaron toda la noche juntos.

_____ 10.. Roberto dice que van a salir juntos otra vez el próximo fin de semana.

**I. ¿Qué dirías tú…?** Escucha otra vez la conversación y escribe las expresiones que usarías tú en inglés para expresar lo que las dos chicas dicen con las frases siguientes.

1. ¡Qué casualidad! _____

2. Justo la persona a quien quería ver. _____
_____

3. ¿Qué cita? ¡No me digas! _____
_____

4. Y ¿qué tal es? _____

5. Uy, pero, ¡qué bien! _____

6. Ay, pero, Rosa, ¡qué maravilla! _____

## DESPUES DE ESCUCHAR

**J. Chismes.** Junto con un(a) compañero(a), describan a tres personas. Mencionen a) los aspectos físicos, b) la personalidad y c) algo que hace y cómo lo hace. A ver si tus compañeros pueden identificar a las tres personas descritas. Refiérete a las expresiones en la página 59, si necesitas.

1. _____ : _____
     (Nombre secreto)
_____
_____
_____

2. _____ : _____
_____
_____
_____

3. _____ : _____
_____
_____
_____

Posibles víctimas de sus chismes:

Michael Jackson          Saddam Hussein
Julio Iglesias             Jesse Jackson
George Bush            su profesor(a)
Meryl Streep            el (la) rector(a) (presidente)
Mikhail Gorbachev       de su universidad

**L.** Quiromancia (*Palmistry*). a) Lee las siguientes descripciones de un joven y una muchacha conocidos, basadas en el estudio de su fecha de nacimiento y de las líneas de la palma de la mano. Subraya los adjetivos y otras palabras descriptivas y busca en el diccionario el significado de las palabras que no conoces. b) Llena el "Cupón de participación" con tus propios datos. c) Estudia el cupón y la mano de otro(a) estudiante e inventa una descripción de su personalidad.

# QUIROMANCIA

**S**i quieres saber más de tu carácter y de tu porvenir, MIA te brinda la oportunidad. Hazte una fotocopia de la palma izquierda y envíanosla junto con el cupón debidamente relleno. Semanalmente publicaremos el estudio de un personaje popular, y el de aquel lector cuya carta haya sido seleccionada.

FERNANDO ALVAREZ

*Tolerante y práctico.*

## Antonio Banderas

Leo

**C**arácter extravertido y vital. Decidido e impulsivo. De mediana imaginación. Naturaleza sensual. Personalidad emocional y apasionado en los sentimientos. Ambicioso y fatalista. Confiado y tolerante con los demás. Individualista. Espíritu más práctico que ingenioso. Sexualmente activo. Los 31 años marcarán para ti el inicio de una época y unos años de tu vida intensos y llenos de responsabilidad... Hasta los 38 ó 39 años vivirás uno de los períodos más fecundos y fuertes de tu existencia; con todo lo bueno y lo malo que eso representará en tu vida. Serán estos años muy importantes porque de ellos y lo que saques en claro dependerán muchos aspectos de los años futuros. En un principio, los mayores cambios los introducirás en el terreno personal y no solamete dependerán de ti; después esa evolución se filtrará en tu medio de vida y en tu trabajo de forma sutil y significativa. Profesionalmente, esos años serán positivos para ti.

En el amor y en los sentimientos sufrirás una profunda decepción, después de varios años de una intensa relación irrepetible en el amor, y que creará un gran

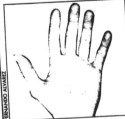

FERNANDO ALVAREZ

desconcierto al final de esa etapa de tu existencia. Además de esa mujer, llegarán a marcar tu destino dos personas más y en distintos momentos de tu vida. Sin embargo, ninguna de ellas será nunca como la primera. Pasados lo 39 años, las circunstancias de tu entorno te obligarán a modificar el lugar donde vivas y el ambiente donde te relaciones. Lo harás lejos de tus raíces y durante varios años permanecerás alejado de todo... No vivirás en este continente y lo harás en un lugar por el que pasará el trópico de cáncer. De cuatro a siete años después, regresarás para quedarte definitivamente en tu tierra e intentar rehacer y recomenzar las cosas. Vivirás pocos años más de los 64. ∎

Este estudio lo realiza J. Barucci, especialista en quiromancia, y si os interesa acudir a su consulta podéis llamar al teléfono 308 32 79, de Madrid.

**Próximo personaje Pastora Vega**

## María Luisa

**10 marzo 1945**

**D**e espíritu independiente y pragmático. Calculadora y poco arriesgada. Carácter temperamental y persuasivo. Sentimentalmente escéptica. Sexualmente apasionada. Personalidad decidida y fiel a sí misma. Materialista. Responsable y tolerante con todos los que te rodean. El amor ha representado una parte esencial de un destino incierto y desafortunado, en ese sentido profundo y lúdico de la vida. Dos hombres amaste con intensidad, especialmente el segundo y no existirá un tercero.

A pesar de la importancia que ha tenido el amor en tu existencia, el futuro no será esperanzador en ese sentido y prevalecerá el lado práctico y despersonalizado en tus relaciones con los hombres, en los que no llegarás a encontrar lo que con tanto anhelo buscas. En el terreno material, de momento y en estos años inmediatos, no habrá ninguna variación significativa; únicamente tienes que tener en cuenta el período que venga a partir del año 90 ya que es un período corto, posiblemente sólo sea de escasos meses, pero que motivará cambios en tu medio de vida de una impor-

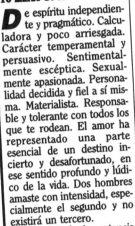

R. B.

tancia impredecible. No ser una etapa llana y sin dificultades, pero será postiva par ti, a pesar del riesgo qu comportará su ejecución. L parte material siempre l tendrás cubierta en tu vida en ella no sufrirás desequi brios, ni contratiempos. Vivirás más de 74 años y el nal será natural. ∎

### CUPON DE PARTICIPACION

Nombre _____
Apellidos _____
Dirección _____
Número _____ Piso _____
Código Postal _____ Población _____
Provincia _____ Teléfono _____
F. de nacto. _____ Prof./actividad _____

MIA Quiromancia. Paseo de la Castellana, n.° 18. 28046 Madrid

# ESCRITO EN LAS ESTRELLAS

...erto en astrología analizará ...tos, los peores, l... ...personal...

...onsecuencias que se derivan de ello: los ...imientos impr...

58   ¡Imagínate!

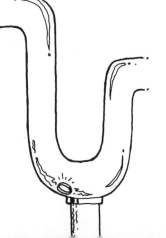

**Expresiones útiles para describir a alguien**

| **Es moreno(a)** | rubio(a) | **dark com-plected** | blond(e) |
|---|---|---|---|
| **fuerte** | débil | **strong** | weak |
| **bajo(a)** | alto(a) | **short** | tall |
| **pequeño(a)** | grande | **small** | large, big |
| **delgado(a)** | grueso(a) | **thin** | fat |
| **flaco(a)** | gordo(a) | **skinny** | fat |
| **feo(a)** | guapo(a) | **ugly** | good-looking |
| **alegre** | triste | **happy** | sad |
| **antipático(a)** | simpático(a) | **unpleasant** | nice |
| **liberal** | conservador(a) | **liberal** | conservative |
| **tonto(a)** | inteligente, listo (a) | **dumb, silly** | intelligent |
| **imprudente** | prudente | **impulsive** | careful |
| **optimista** | pesimista | **optimist** | pessimist |
| **trabajador(a)** | perezoso(a) | **hard-working** | lazy |
| **aburrido(a)** | fascinante | **boring** | fascinating |
| **Habla/baila/escribe...** | | **He (She) speaks/dances/writes . . .** | |
| **muy bien** | muy mal | **very well** | very badly |
| **divinamente** | horrorosamente | **beautifully** | horribly |
| **rápidamente** | lentamente | **fast** | slowly |
| **sin cuidado** | cuidadosamente | **impulsively** | carefully |
| **con gracia** | sin gracia | **gracefully, wittily** | without grace, clumsily |
| **de una manera extraña** | | **in a strange way** | |
| | **linda** | | **lovely** |
| | **fea** | | **ugly** |
| | **(des)agradable** | | **(dis)agreeable, (un)pleasant** |
| | **exquisita** | | **exquisite** |

## CONVERSACION 3: EL CASO DEL ANILLO PERDIDO

<u>ANTES DE ESCUCHAR</u>

**LL. Una situación difícil.** En la tercera conversación, una joven trata de explicar a un plomero la siguiente situación. ¿Podrías decirlo en inglés? ¿Cómo explicarías la situación en inglés y en español? Trabaja con otro estudiante, sin usar el diccionario. Si no saben una palabra, busquen otra manera de explicar lo que quieren decir.

ESCUCHAR

**M. Una conversación con el plomero.** Escucha la tercera conversación y contesta las siguientes preguntas.

1. ¿Cuál es el tono de la conversación? ¿Cómo se siente la señora? ¿Cómo se siente el hombre? _____

_____

_____

2. ¿Se comprenden bien los dos? ¿Cómo sabes que sí o que no? _____

_____

_____

3. Finalmente, ¿cómo van a resolver el problema? _____

_____

_____

**N. ¿Qué pasó?** Escucha la conversación varias veces y lee el siguiente resumen, llenando los espacios en blanco con palabras claves de la situación.

Una señora llama por teléfono a un plomero. La compañía se llama

_____ San Vicente _____

Limitada. La señora le dice al plomero que está _____ porque

ha perdido su _____ de _____ .

El plomero le contesta que son una compañía experta en plomería y no son

_____ . La señora explica que ha perdido su anillo en el

_____ . No lo perdió en la tina ni en el inodoro, sino en el

_____ . El plomero quiere saber exactamente dónde lo

perdió, pero la señora no sabe explicarle bien; solamente sabe decir que está

_____ . Por fin el plomero se da cuenta de que

probablemente está en la tubería y le pregunta si hay un

_____ que cubra el lavamanos. Le dice que abra la puerta

del armario y allí estará la tubería. El plomero, para ahorrarle el costo de un viaje a su

casa, le recomienda que utilice una _____ inglesa para

desarmar la tubería, pero ella no comprende nada. El plomero le dice, —¡Ay, señora!

OK, mire, estaré allí en _____ minutos y la

_____ de este percance.

**Ñ. ¿Qué dijeron para…?** Escucha la conversación una vez más y escoge las expresiones que han usado para…

_____ 1. contestar el teléfono (el plomero)

_____ 2. decirle a la señora que se tranquilice (el plomero)

_____ 3. preguntarle qué es lo que quiere (el plomero)

_____ 4. pedir más explicaciones (el plomero)

_____ 5. indicar que no comprende (la señora)

a. Explíquese.

b. Cálmese, señora.

c. Plomería San Vicente y Hermanos, Limitada, a la orden.

d. ¿Qué es eso de la llave inglesa?

e. ¿En qué le podemos ayudar?

DESPUES DE ESCUCHAR

Expresiones útiles para describir algo

| Se parece a (un gato). | It looks like (a cat). |
|---|---|
| **Parece (muy grande).** | It looks/seems (very big). |
| **Es como (una caja).** | It's like (a box). |
| **Parece ser (más grande de lo que es).** | It seems (bigger than it is). |
| **Huele a (azufre).** | It smells like/of (sulphur). |
| **Sabe a (limón).** | It tastes like (lemon). |
| **Suena como (un pito).** | It sounds like (a whistle). |
| **Es del color de (la hierba).** | It's the color of (grass). |
| **Se usa para... .** | It's used for/to . . . . |
| **Es de tamaño muy grande.** | It's a very large size. |
| **pequeño.** | small. |
| **regular.** | medium. |
| **Es redondo(a).** | It's round. |
| **cuadrado(a).** | square. |
| **rectangular.** | rectangular. |
| **triangular.** | triangular. |
| **tubular.** | tubular. |
| **Es suave.** | It's smooth. |
| **blando(a).** | soft. |
| **duro(a).** | hard. |
| **Es agrio(a).** | It's sour. |
| **amargo(a).** | bitter. |
| **dulce.** | sweet. |
| **Es fragante.** | It's fragrant. |
| **maloliente.** | smelly. |

**O.** **Cómo describir pertenencias perdidas.** Todos entregan una cosa al (a la) profesor(a). (Los compañeros no deben verla.) El (La) profesor(a) pondrá todas las cosas juntas en el escritorio. Para que cada estudiante consiga que le devuelvan su prenda, tendrá que describirla a otro(a) compañero(a), sin decirle la palabra exacta. Este (a) compañero(a) irá al escritorio para recogerla y devolvérsela al (a la) dueño(a).

> ejemplo:
> Es alargado, de color amarillo. Es duro y liso. Tiene un borrador
> y lo uso para escribir. (Es un lápiz.)

**P.** **¿Dónde está...?** Para describir dónde está algo, hay que saber las preposiciones. Observa el cuadro que se presenta a continuación. ¡Pobre Santiago no está bien despierto! Por favor, junto con un(a) compañero(a), díganle dónde están sus cosas. No usen el diccionario. Si hay palabras que no saben, describan las cosas.

Expresiones útiles para explicar que uno no sabe la palabra

| | |
|---|---|
| **Yo no sé qué es eso.** | I don't know what that is. |
| **No recuerdo la palabra, pero es una cosa... .** | I don't remember the word, but it's a thing . . . . |
| **No sé cómo se dice (se llama), pero... .** | I don't know how you say (what it's called), but . . . . |
| **Debo (Puedo) describirlo.** | I ought to (can) describe it. |
| **¿Me comprende(s)?** | Do you understand me? |
| **¿Sabe(s) lo que quiero decir?** | Do you know what I mean? |

Q. **Mi cuarto.** Formen grupos de dos estudiantes. Uno(a) describirá su cuarto, mientras que el (la) otro(a) lo dibujará exactamente como se lo describe. Luego, cambien de papel.

ejemplo:
Es un cuarto grande. La ventana está en la pared del norte. La puerta está en la pared del sur. Tengo una cama pequeña que está a la derecha de la ventana, etc.

## SITUACIONES

**R. La lotería.** Acabas de ganar diez millones de dólares en la lotería, y quieres construir una casa ideal. Describe la casa que quieres a uno de tus compañeros, quien hará el papel de un famoso arquitecto.

1. Deberán conversar de lo siguiente:

- ¿Dónde quieres construir la casa?
- ¿De qué quieres construirla?
- ¿Cuántos cuartos quieres y con qué propósito?
- ¿Qué deseas para cada cuarto en particular?
- ¿Qué otras cosas piensas construir? ¿Una piscina? ¿Una cancha de tenis? ¿Un jardín interno?
- ¿Qué tipo de árboles, arbustos y plantas quieres alrededor de la casa?

2. Después de decidir en conjunto cómo va a ser la casa, preparen un dibujo de ella.

**RR. Un anuncio comercial.** ¿Tienes algo que te gustaría vender? Prepara una buena descripción de un artículo y un anuncio comercial para la televisión en español. Presenta tu anuncio ante la clase o grábala en vídeo.

**S. Juego de palabras.** Formen grupos de dos parejas. El (La) profesor(a) les dará cinco palabras diferentes a cada pareja. Una pareja le dará a la otra una definición de la palabra. Si no la adivina la primera vez, la primera pareja seguirá describiéndola hasta que la otra pareja acierte.

# FUERA DE CLASE

**T.** Pídele a alguna persona de habla española—de preferencia a alguien que haya nacido en un país hispánico—que describa su país natal, la ciudad donde vivía de niño(a), el piso o la casa en que vivía su familia. Haz una grabación de la descripción y hazla oír a la clase.

**U.** Formen grupos de tres o cuatro estudiantes. Preparen una lista de descripciones de diez cosas que se pueden traer a clase. Den una copia de su lista a otro grupo. Los estudiantes de ese grupo deben buscar todas las cosas y traer las que encuentren a la clase siguiente. En esa clase deberán comparar las descripciones de su lista con las cosas que ha traído el otro grupo. El grupo que traiga el mayor número de las cosas descritas, gana.

ejemplo:
Es redonda. Es roja, amarilla o verde. Tiene corteza. Es dulce y jugosa. (una manzana)

3

# vocabulario
palabras y expresiones que
quiero recordar

# REQUESTING AND PROVIDING INFORMATION

# «¿*Podría decirme...*?»

## EMPLEOS Y PROFESIONES

## INTRODUCCION

**A. La señora no entiende.** ¿Qué piden los dos? ¿Qué cree la señora que buscan? ¿Qué les ofrece ella? ¿Por qué se van? ¿Cómo están al irse? ¿Cómo queda la señora?

**B. En cuanto al trabajo...** En este capítulo vamos a concentrarnos en el modo de preguntar y responder sobre los empleos y profesiones. Contesta las siguientes preguntas y luego conversa con dos compañeros de clase sobre estos temas.

1. Los empleos
   ¿Has solicitado empleo alguna vez?
   ¿Qué preguntas te hizo el (la) director(a) de personal?
   ¿Qué preguntas le hiciste tú a él (ella)?

2. Las profesiones
   ¿Ya sabes la carrera que quieres seguir?
   ¿Has consultado a un(a) consejero(a) sobre las profesiones?
   ¿Qué preguntas te hizo él (ella)?
   ¿Qué preguntas le hiciste tú?

# ESCUCHAR Y PRACTICAR

## CONVERSACION 1: COMO SOLICITAR EMPLEO: DATOS PERSONALES

<u>ANTES DE ESCUCHAR</u>

**C.** **¿Cómo solicito empleo?**  Con tus compañeros describe el proceso de solicitar empleo.  Trata de pensar en todas las ideas y todo el vocabulario posible.

1. **¿Dónde?** Por ejemplo, ¿dónde se encuentran los anuncios? ¿Dónde se consigue un formulario de solicitud? ¿Adónde se va para la entrevista?
2. **¿Cómo?** Por ejemplo, ¿cómo se arregla una cita? ¿Cómo se presenta para la entrevista? ¿Cómo se viste? ¿Cómo se porta?
3. **¿Quiénes?** Por ejemplo, ¿con quién hay que hablar? ¿Quiénes están presentes durante la entrevista?
4. **¿Qué?** Por ejemplo, ¿qué datos personales le piden al aspirante?
5. **¿Cuál?** Por ejemplo, ¿cuál debe ser la preparación del aspirante? ¿Cuáles son los aspectos más importantes del puesto?
6. **???** (¿Se te ocurren algunos otros aspectos del proceso?)

**CH.** **Mis datos personales.**  La primera conversación trata de los datos personales de alguien que está solicitando un empleo.  Imagínate que tú eres director(a) de personal. ¿Qué datos personales le pedirías al (a la) solicitante?  Prepara una lista para utilizar durante la entrevista.

1. _____
2. _____
3. _____
4. _____
5. _____

<u>ESCUCHAR</u>

**D.** **Para empezar.**  Ahora, escucha la primera conversación para acostumbrarte a las voces de los que hablan para enterarte de quién es la directora de personal y quién es el aspirante, para saber los datos personales que pide la directora de personal y para saber todos los datos personales del aspirante. (No vas a comprender todo lo que dicen las personas porque hablan rápido, pero escucha con el objetivo de obtener la información pedida.  Es mejor no tratar de entender cada palabra.  Mientras escuches, piensa en el contenido que más te interesa.)

1. Apunta los datos personales que pide la directora de personal. (Basta escribir una palabra o una frase.  No es necesario escribir toda la pregunta o toda la respuesta.)

   a. _____
   
   b. _____
   
   c. _____
   
   ch. _____
   
   d. _____
   
   e. _____
   
   f. _____

2. Escribe los datos personales del aspirante.

a. _____

b. _____

c. _____

ch. _____

d. _____

e. _____

f. _____

**E. Una comparación.**   Compara las preguntas de la directora de personal con las que preparaste tú.  ¿En qué se parecen?  ¿En qué se diferencian?

**F. En mi opinión…**   Después de haber escuchado la primera parte de la entrevista, ¿qué opinas tú…

1. de la entrevista?       2. de la directora de personal?       3. del aspirante?

**G. Otra vez.**   Ahora, escucha la conversación otra vez y contesta las siguientes preguntas sobre la entrevista.

1. ¿Qué puesto solicita el aspirante?

_____

2. ¿A qué palabra inglesa se refiere la palabra «empresa»?

_____

3. ¿Qué quiere decir «segundo apellido»?

_____

4. ¿Cómo contesta el aspirante cuando la directora de personal le pregunta su segundo apellido?

_____

5. ¿Cómo expresa el aspirante su número de teléfono?

_____

**H.** ¿Cómo se lo dice en inglés? Escucha la conversación una vez más y fíjate en las siguientes expresiones: Ah, Así es, y, Eh, Muy bien, Ajá, y Pues.

¿Cómo se dirían estas expresiones en inglés en un contexto semejante?

---

DESPUES DE ESCUCHAR

Expresiones útiles para solicitar datos personales

| | |
|---|---|
| **Dígame su dirección.** | Tell me your address. |
| **Quisiera saber dónde vive.** | I would like to know where you live. |
| **Me gustaría saber la fecha de su nacimiento.** | I would like to know your birth date. |
| **¿Me puede decir el lugar de su nacimiento?** | Can you tell me your place of birth? |
| **¿Me podría hablar de sus planes para el futuro?** | Could you tell me about your future plans? |
| **¿Cuál es su número de teléfono?** | What is your telephone number? |
| **¿Y su nacionalidad?** | And your nationality? |
| **¿De dónde es usted?** | Where are you from? |
| **¿Es usted casado(a) o soltero(a)?** | Are you married or single? |
| **¿Qué idiomas (lenguas) habla?** | What languages do you speak? |
| **¿Cuál es su nacionalidad?** | What is your nationality? |

Expresiones útiles para responder

| | |
|---|---|
| **Con mucho gusto.** | I would be glad to. |
| **¡Cómo no!** | Of course. |
| **Bueno.** | O.K. |
| **Pues, creo que sí (no).** | Well, I think so (not). |
| **Sí, lo soy.** | Yes, I am. |

**DES**
DIVISION OF EMPLOYMENT SECURITY

## es su agencia de empleos.

**I.** Pídele a un(a) compañero(a) sus datos personales.

1. Estudia la «Solicitud de empleo» que está en la página 70. Prepara las preguntas necesarias para pedirle a un(a) compañero(a) de clase sus datos personales y llena la solicitud en la próxima clase.

2. Hazle las preguntas sobre sus datos personales a un(a) compañero(a) de clase y llena su «Solicitud de empleo.» Después, los dos deben leerla con cuidado para asegurarse de que todos los datos personales estén bien.

3. Presenta al (a la) aspirante a la clase.

4

# SOLICITUD DE EMPLEO

## DATOS PERSONALES

APELLIDOS: 1º _____ 2º _____

NOMBRE _____ NACIONALIDAD: _____

FECHA DE NACIMIENTO: _____ LUGAR DE NACIMIENTO: _____

SEXO: _____ ESTADO CIVIL: _____ Nº HIJOS: _____

NOMBRE DEL PADRE: _____ NOMBRE DE LA MADRE: _____

NOMBRE Y APELLIDOS DEL CONYUGE: _____

NACIONALIDAD DEL CONYUGE: _____

DOMICILIO: calle _____

localidad _____ TELEFONO: _____

D.N.I. o Pasaporte nº _____ Expedido en _____ el _____ de _____

Permiso de Residencia nº _____ Expedido en _____ el _____ por cuenta (1) _____

Nº de Afiliación a la Seguridad Social _____ Situación presente (2) _____

Profesión habitual: _____

## ESTUDIOS: Por favor, rellene todos los datos requeridos con el mayor detalle posible.

| Estudios realizados | Fechas Desde Hasta | Nº de cursos académicos | Nombre del Centro | Título o Diploma |
|---|---|---|---|---|
| | | | | |
| | | | | |
| | | | | |

## IDIOMAS: Indicar segun proceda, NO - NOCIONES - REGULAR - BIEN - MUY BIEN.

| IDIOMAS | HABLA | LEE | TRADUCE | ENTIENDE HABLADO | GRAMATICA | REDACCION PROPIA | TAQUI. | MECA. | SECRET. | INTERP. |
|---|---|---|---|---|---|---|---|---|---|---|
| | | | | | | | | | | |
| | | | | | | | | | | |

Empresa: _____ Teléfono: _____

Domicilio de la Empresa: _____

Trabajó desde: _____ hasta _____ Categoria _____

Descripcion del puesto que desempeñaba _____

_____

Motivo del abandono del puesto _____ Ultima retribución _____

## REFERENCIAS (De Compañías o personas conocidas profesionalmente).

| NOMBRE | DOMICILIO Y TELEFONO |
|---|---|
| | |
| | |
| | |
| | |

## CONVERSACION 2: SOLICITAR UN EMPLEO: LA PREPARACION

<u>ANTES DE ESCUCHAR</u>

**J. Los requisitos.** Tú eres gerente de una empresa. ¿Qué te gustaría saber acerca de la persona que pide un puesto?

1. educación
2. experiencia
3. personalidad
4. preparación
5. motivación
6. planes para el futuro
7. ???

**L. Mi propia lista.** Ya escuchaste la primera parte de la entrevista en la primera conversación. Ahora, prepara una lista de preguntas que le harías tú al aspirante al puesto de vendedor.

1. _____

2. _____

3. _____

4. _____

5. _____

<u>ESCUCHAR</u>

**LL. La preparación.** Escucha la segunda conversación para enterarte de cuál es la preparación que le parece importante a la directora de personal y completa las siguientes frases.

1. los datos que quiere la directora de personal:

   a. _____

   b. _____

   c. _____

2. las respuestas del aspirante al puesto:

   a. _____

   b. _____

   c. _____

**M. ¿Cómo es?** ¿Qué te parece el aspirante? ¿Cuáles son sus características buenas? ¿Y las malas? ¿Qué más te gustaría saber acerca de él?

**N. ¿Qué más?** Ahora, escucha la conversación otra vez y contesta las siguientes preguntas.

1. ¿Por qué quiere trabajar en esa empresa?

   _____

2. ¿Cuál prefiere el aspirante—un puesto de vendedor sencillo o uno de gerente?

   _____

3. ¿Qué preparación tiene el aspirante?

   _____

4. ¿Cuál es el equivalente en los Estados Unidos de un título de administración de empresas?

_____

5. El aspirante cree que la empresa tiene mucha «prestancia». ¿Qué quiere decir eso?

_____

**Ñ. ¿Cómo se dice en inglés?** Escucha una vez más prestando atención a las siguientes expresiones: **Bueno, Ajá, Muy bien** y **Pues sí.** Escribe las expresiones equivalentes que usarías tú en inglés para cada una.

_____

_____

## DESPUES DE ESCUCHAR

Expresiones útiles para averiguar qué preparación tiene un(a) aspirante

| | |
|---|---|
| **Me gustaría que hablara de su último empleo.** | I would like for you to talk about your last job. |
| **¿Cuáles son sus habilidades?** | What are your qualifications? |
| **¿Cómo se describiría usted a si mismo?** | How would you describe yourself? |
| **¿Dónde estudió?** | Where did you go to school? |
| **¿Cuál fue su especialización?** | What was your major? |
| **¿Por qué se especializó en administración de empresas?** | Why did you major in business administration? |
| **¿Dónde ha trabajado?** | Where have you worked? |
| **¿Por qué dejó su último empleo?** | Why did you leave your last job? |
| **¿Cuántos años trabajó allí?** | How many years did you work there? |
| **¿Por qué quiere trabajar aquí?** | Why do you want to work here? |
| **¿Y sus planes futuros?** | And your future plans? |

Expresiones que se usan para explicar su candidatura

| | |
|---|---|
| **Pues sí (no).** | Well, yes (no). |
| **Yo sé que soy buen(a) vendedor(a).** | I know I am a good salesperson. |
| **Porque es una buena empresa.** | Because it's a good company. |
| **Me han dicho que ustedes pagan los gastos de transporte.** | They have told me that you pay transportation costs. |
| **Es que yo quiero ser gerente.** | The fact is that I want to be a manager. |
| **Sé que puedo llevarme bien con mi jefe(a).** | I know that I can get along well with my boss. |

**O. Estoy preparado(a)…** Estudia los siguientes anuncios clasificados en la página 73. Escoge uno de los empleos ofrecidos y prepárate para explicar por qué crees que estás capacitado(a) para ocupar ese puesto.

Presenta tu solicitud a un equipo formado por tus compañeros de clase. Si otro(a) estudiante ha escogido el mismo empleo, explica por qué tú estás mejor capacitado(a) que él (ella). El equipo entrevistador te hará preguntas y comentarios. Si quieres, puedes usar las expresiones en la página 73.

**Quiero presentarme para el puesto de...**
**Me he preparado bien...**

SOLICITO PERSONA
TRABAJE EN TELEGRAFOS
TENGA SU PROPIA
MOTOCICLETA
Y desee incrementar sustancialmente sus ingresos en sus horas desocupadas. Ocurrir a Avenida del Sur 2431, horario de 2:30 a 4:00 P. M.

SOLICITO AYUDANTE DE RADIOTECNICO CON LICENCIA DE CHOFER EXCELENTE SALARIO JESUS GARCIA 394.

SOLICITO AYUDANTES CON CONOCIMIENTOS DE HERRERIA O SIMILAR. INTERESARSE... CUDIR EN RIO ATOTO... ATLAS 9-14 HORAS.

...s de electricistas y ...es, turno completo.

AZAFATA
TU CARRERA FUERA DE LA UNIVERSIDAD
CENTRO DE ESTUDIOS BAI
San Bernardo 8, 4.º, Tel.: 522 56 56

INFORMACION
Para ganar dinero desde su casa, 447-7631

TRABAJADORES
TRABAJANDO DIARIO
PAGO DIARIO
TRABAJADORES CON CARRO GANAN MAS
Trabajadores reporten listos para trbajar
A las 6 am.
...ABOR FORCE
...Ave. Hialeah
...tami

EMPRESA DE EXITO SOLICITA LOS
SERVICIOS DE:
**4 CABALLEROS**
MAYORES DE 30 AÑOS.
**Y 10 JOVENES MAYORES**
De 18 años.
Los interesados deben se...
superació...
Conce...

**SOLICITAMOS SE-CRETARIA MECA-NOGRAFA PARA CONTRATACION INMEDIATA**
* Experiencia mínima de 1 año.
* Buena presentación.
* Conocimiento básicos ...
contabilidad.
* No mayor de 28 años.
Presentarse con soli...
borada: Eulogio ...
1124-5, Sr. ...

...LICITAMOS
**HOFER**
...contratación inme-diata.
...periencia mínima 1
...onozca la ciudad.
...icencia en regla.
...o mayor de 28 años.
...Estudios mínimos de pri-...aria.
...resentarse con 2 fotogra-...ías y solicitud en: EU-...LOGIO PARRA 1124-3, Sr. García.

**ESTA DESEMPLEADO?**
Importante Empresa en expansión ofrece 8 va-cantes a personal masculino.
OFRECEMOS:
Trabajo de planta.
Magníficos ingresos.
Todas las prestaciones dc Ley.
Magnífico ambiente de trabajo.
Oportunidad de ascensos a puestos claves.
REQUISITOS: Mayores de 22 años.
Mínimo secundaria.
Casados.
Tiempo completo.
Presentarse hoy únicamente con documentos personales en: **PEDRO MORENO No. 1108-DESP.**
203 Y 206, de 10.00 a 2.00 A.M. y de las 16.00 a 19.00 Hrs. P.M.

EMPRESA LIDER EN SU RAMO
SOLICITA:
**JEFE DE MANTENIMIENTO**
Con experiencia en ajustes de todo tipo de maquinaria, conocimientos de máquinas de corte y maquinaria en general.
OFRECEMOS:
* Sueldo abierto según aptitudes.
Interesados presentarse en Calle PLATANO No. 1444, esquina con Pino, cerca del Mercado de Abastos.

COMERCIAL TEJIDOS
INDUSTRIAL MODA
PRONTA DE BARCELONA
**Precisa**
representante, zona Centro, con experien-cia
Máximo 40 años
Remitir currículum vi-tae y fotografía recien-te a:
...E.

**EMPLEO INMEDIATO PARA VENDEDORES/AS**
Solicitamos personas ambiciosas. Motivadas, interesadas en ganar $25,000 a $40,000 anuales. Ofrecemos incentivos personales, seguro fami-liar, ingreso básico ini-cial a discutir. No expe-riencia necesaria como vendedor. Si es Ud. una persona de mentalidad positiva y con deseos de triunfo llámenos para entrevista personal. 445-...5 Sr. Hernández.

Empresa Importante
Solicita:
**TECNICO EN ELECTRONICA**
REQUISITOS:
1.— Experiencia de 3 años en repa-ración de equipo electrónico.
2.— Edad: 20 a 25 años.
3.— Estado civil: Casado.
OFRECEMOS:
1.— Buen sueldo.
2.— Prestaciones de Ley.
3.— Capacitación y desarrollo.
Interesados presentarse con soli-...ulada y fotografía reciente
... Sector Juárez.

**18 Empleos Comerciales e Industriales Solicitudes**
A $3,000.00 recamarera sale diario, descansa sábados tarde y domingo 21-41-06 San Gabriel 551 Chapalita.

AMERICANOS solicitan co-cinera, $6,000.00 2 reca-mareras, Herrera y Cairo 548.

BUSCO sirvienta con recomen-dación, indispensable quedarse a dormir, 33-34-23.

SOLICITO muchacha muy poco trabajo quedarse a dormir. Cosmos 2707, en Jardines del Bosque o infor-mes Sra. López Tel. 21-83 16.

**19 Empleos Domésticos Ofertas**
SOLICITO much... ganas de tr... trabajo lonch... Cotilla 537-A

SOLICITO mu... mareca y c... ferencias quedarse a... $5.000.00 T... Chapalita

SOLICITO TRABAJ... CASA, SALIR. CENA?

**OPORTUNIDAD PARA JOVEN VENDEDOR**
Empresa líder en la fabricación y venta de ar-tículos de cerámica para el sector de floristería y garden center, con amplia cartera de clientes, precisamos de representante distribuidor en ex-clusiVa para la zona Centro.
• Pensamos en un hombre de 23 a 28 años.
• Buena presencia.
• Don de gentes.
• Dinámico y responsable, con vocación comercial.
• Dedicación plena. Dispuesto a viajar.
OFRECEMOS:
• Sólida formación a cargo de la empresa.
• Vehículo comercial.
• Ingresos en comisiones que oscilarán entre tres y cuatro millo... ... según valía, experiencia del can...
...atos personal...

Empresa Importante en el Ramo Comercial por Expansión Solicita:
**CONTRALOR**
**CONTADOR PUBLICO**
Experiencia deseable en el manejo de tien-das departamentales.
Conocimientos amplios en presupuestos, sistemas, contabilidad en general, aspectos financieros, informaci... ...iera, sis-...s a detallistas.

P. **Mi trabajo.** ¿Tienes algún empleo o has trabajado anteriormente? Tus compañeros de clase van a hacerte preguntas sobre tu trabajo: las horas, el sueldo, las ventajas y desventajas, etc. ¿Les recomendarías tu trabajo? Hazles preguntas a ellos también. (Recuerda las expresiones útiles que aprendiste para hacer preguntas, para pedir aclaraciones y para interrumpir.)

# CONVERSACION 3: SOLICITAR UN EMPLEO: INFORMACION SOBRE EL PUESTO

<u>ANTES DE ESCUCHAR</u>

**Q. ¿Qué quieres saber tú?** Ahora, supongamos que ustedes están solicitando un puesto, ¿qué les gustaría saber sobre el empleo y sobre la empresa?

1. el trabajo
2. el sueldo
3. las prestaciones
4. las oportunidades
5. la empresa
6. ???

**R. ¿Cómo son las condiciones de trabajo?** Son también importantes las condiciones de trabajo. En la última conversación, es decir en la última parte de la entrevista, el aspirante le hace preguntas a la directora de personal sobre las condiciones de trabajo.

Prepara una lista de preguntas para el puesto de vendedor para hacerle a la directora de personal durante la entrevista. A ver si sabes de antemano algunas de las preguntas que hará el aspirante.

1. _____
2. _____
3. _____
4. _____
5. _____

<u>ESCUCHAR</u>

**RR. Ahora le toca a él.** Durante la tercera parte de la entrevista le toca al aspirante hacer preguntas. Escucha la conversación sobre las condiciones de trabajo y contesta las siguientes preguntas.

1. ¿Qué quiere saber el aspirante?

a. _____
b. _____
c. _____
ch. _____
d. _____
e. _____
f. _____

2. ¿Qué le dice la directora de personal?

a. _____
b. _____
c. _____
ch. _____
d. _____
e. _____
f. _____

**S. ¿Qué más?**   Escucha la tercera parte de la entrevista una vez más y contesta las siguientes preguntas.

1. ¿Qué le importa más al aspirante a este puesto?

_____

2. ¿Por qué pregunta si le van a proporcionar carro?

_____

3. ¿Crees tú que la directora de personal tiene en realidad un puesto importante en la empresa?  Explica por qué sí o por qué no.

_____

4. ¿Crees que el aspirante tiene mucha confianza en si mismo?  ¿Por qué te parece que sí o que no?

_____

**T. ¿Cómo se diría en inglés?**   Escucha una vez más la tercera conversación pensando en el sentido de las siguientes expresiones.  ¿Qué expresiones usarías tú en inglés para expresar cada una de ellas?

1. Dígame,… _____

2. Ya entonces… _____

3. Pero, perdone la pregunta… _____

4. La verdad es que… _____

5. Bueno,… _____

6. En realidad… _____

7. Sí, como no. _____

8. Ya, muy bien. _____

9. Le hago otra pregunta. _____

10. Ajá. _____

11. Luego,… _____

12. Entonces, así, sí. _____

13. Le agradezco mucho su tiempo. _____

14. Muy amable. _____

15. Muchas gracias. _____

**U. ¿Qué dijeron?**   Escucha la última parte de la tercera conversación y escribe las partes que faltan.

— Ah, _____ . Y _____ , eh, ¿quién sería mi

_____ ? ¿Mi jefe _____ es vendedor?

— No, su jefe sería uno… uno de los _____ de la región.

— Ah, ya, ya.  Y los productos, eh, ¿se venden _____ o es

_____ ?

—O, sí, _____ _____ . Todo el mundo está, eh, muy contento con nuestros productos.

—Ah, _____ , _____ así, sí. . . .

—Sí. _____ , eh, señor Martínez, _____

_____ _____ y _____ le

avisaremos de nuestra decisión.

— _____ , _____ _____

mucho su tiempo, señorita. _____ _____ .

— _____ _____ .

DESPUES DE ESCUCHAR

Expresiones útiles para pedir informes sobre un empleo

| | |
|---|---|
| **Perdone la pregunta.** | Pardon the question. |
| **Otra pregunta.** | Another question. |
| **¿Aquí pagan bien?** | Do they pay well here? |
| **¿Cuántos empleados hay aquí?** | How many employees are there here? |
| **¿Quién sería mi jefe?** | Who would be my boss? |
| **¿Es fácil o difícil?** | Is it easy or difficult? |
| **¿Me puede explicar las prestaciones?** | Can you explain the benefits? |
| **¿Me podría describir el ambiente de trabajo?** | Would you please describe the work atmosphere? |
| **¿Hay posibilidades de desarrollo profesional?** | Are there professional advancement opportunities? |
| **Me gustaría saber algo de las condiciones de trabajo.** | I would like to know something about the working conditions. |
| **¿Cuál es el sueldo?** | What is the salary? |

Expresiones útiles para dar informes sobre un empleo

| | |
|---|---|
| **La verdad es que son buenos.** | The truth is that they are good. |
| **Sí, claro.** | Yes, of course. |
| **Pues, me parece que tienes razón.** | Well, it seems to me that you're right. |
| **Si no me acuerdo mal, como veinte.** | If I don't remember incorrectly, about twenty. |
| **Eso no sé.** | That I don't know. |
| **¡Cómo no!** | Of course. |
| **A mí me parece bien.** | It seems good to me. |
| **Y con razón.** | And rightly so. |
| **No se preocupe.** | Don't worry. |

**V.** ¿Qué opinas tú? ¿Qué recomiendas? ¿Deben ofrecerle al aspirante el puesto de vendedor? Por qué sí o por qué no?

**X. Los «Seis C.»** Según algunos expertos, hay seis tipos vocacionales, los «Seis C.» En grupos de tres estudiantes, lean las seis categorías; luego, clasifiquen cada uno de los trabajos que se encuentran a continuación.

**C-1: Comerciante,** tiene tendencias hacia las actividades de venta, supervisión y transacción comercial.

**C-2: Concreto,** con tendencias hacia el manejo concreto y práctico de elementos y circunstancias, la objetividad, el realismo y el trabajo manual.

**C-3: Conformista,** prefiere hacer lo que la sociedad prescribe; es conservador y sociable; se viste de acuerdo con lo establecido.

**C-4: Cooperativo,** tiende a asumir actividades que demuestran su interés por los demás; sociable, eficiente y responsable.

**C-5: Creativo,** tiende a guiarse por la emoción, los sentimientos y la imaginación; introspectivo pero sociable; impulsivo y expresivo.

**C-6: Curioso,** con tendencia al empleo de la inteligencia para resolver los problemas de la vida mediante el análisis lógico y el manejo de las ideas.

(Adapted from: *Como descubrir tu vocación*, Francisco d'Egremy A., Anaya Editores, S.A., Editora Mexicana de Periódicos, Libros y Revista, S.A., pp. 92–97.)

mecánico(a) _____

administrador(a) _____

contador(a) _____

peluquero(a) _____

músico(a) _____

licenciado(a) en mercadotécnica _____

biólogo(a) _____

banquero(a) _____

fotógrafo(a) _____

filósofo(a) _____

Comparen sus clasificaciones con las de los otros estudiantes.

**Y. La selección de una carrera.** Ahora, con un(a) compañero(a), haz tú el papel de un(a) estudiante que no sabe qué carrera debe seguir y el otro el papel de un(a) consejero(a) universitario(a) que te hace preguntas para orientarte. Para prepararse, hagan ambos una lista de preguntas apropiadas.

_____

_____

_____

_____

_____

El (La) consejero(a) puede tomar apuntes durante la entrevista y consultar con el (la) estudiante para hacerle una recomendación.

_____

_____

_____

_____

_____

# ACTIVIDADES

## SITUACIONES

**Z.** Los objetivos profesionales de tus compañeros de clase.   1) Con tres compañeros de clase piensen en los aspectos que les parezcan más importantes de un empleo.  Por ejemplo, ¿qué creen que es más importante, un buen sueldo o la seguridad en el empleo?  2) Preparen una lista en la pizarra de todas las ideas de los estudiantes.  3) Luego, hagan una encuesta para saber cuáles les parezcan más o menos importantes.  4) Por último, cuéntales a tus compañeros tus planes futuros y explícales por qué has escogido esa carrera.

**AA.** Un buen trabajo.   ¿Cómo se consigue un buen trabajo?  En grupos, preparen ustedes una lista de las observaciones y recomendaciones que puedan ser útiles cuando se está buscando un buen empleo.  Después, comparen sus listas con las de los otros grupos.

1. cómo averiguar cuáles son las ofertas de trabajo y las plazas vacantes que hay:_____

2. cómo solicitar el puesto:_____

3. cómo presentarse favorablemente en una entrevista:_____

4. cómo mantener el puesto y no perderlo:_____

**BB.** Nuevas oportunidades de trabajo.   Con un(a) compañero(a), estudia las siguientes oportunidades de trabajo e inventa tres más.

1. Trabajos nuevos:
   a. _____
   b. _____
   c. _____

2. Hagan juntos una lista de las cualidades esenciales del (de la) aspirante ideal para cada puesto.
   a. _____

INVENTOR DE BROMAS

PROBADOR DE CASCOS

INVESTIGADORA DE LA HORA

CAZADOR DE PECECITOS TROPICALES

b. _____

_____

_____

_____

c. _____

_____

_____

3. Luego, presenten sus listas inventadas a los otros miembros de la clase. Si quieren, pueden pedir solicitudes y escoger al (a la) mejor candidato(a) para cada uno de los trabajos.

## CC. Los anuncios clasificados.

Formen grupos de dos. El (La) profesor(a) les dará un anuncio diferente a cada uno del grupo.

1. Lee el anuncio y decide si te gusta o no y por qué.
2. El (La) compañero(a) te hará preguntas sobre el empleo y sobre tus deseos, o falta de deseos, para obtenerlo.
3. El (La) compañero(a) le describirá el empleo a la clase, y le dirá si lo quieres o no y por qué.

## CHCH. Una escena.

Entrevista para un puesto como mesero(a) en un restaurante.

1. El director de personal trata de asustar al (a la) aspirante porque quiere que un(a) amigo(a) suyo(a) consiga el puesto. Le habla de las desventajas del empleo.
2. El aspirante al puesto no tiene trabajo desde hace seis meses y está desesperado. Le importa muchísimo causarle buena impresión al (a la) director(a) de personal y conseguir el puesto.

# FUERA DE CLASE

**DD.** Consigue un periódico de alguna ciudad grande y lee la sección de anuncios. Haz una lista de los puestos en que piden conocimientos de español o de otros idiomas. (La biblioteca de la universidad suele tener muchos periódicos de las ciudades principales del mundo.) Prepara para la clase un informe sobre el tema.

apuntes—ciudad, periódico, empleo, idioma(s)_____

_____

_____

_____

_____

**EE.** Llama por teléfono la oficina de tres compañías o agencias del gobierno para averiguar qué oportunidades de trabajo hay en los países de habla española.

1. Preguntas: _____

_____

_____

_____

2. Respuestas: _____

_____

_____

_____

_____

# vocabulario palabras y expresiones que quiero recordar

# Capítulo 5

# PLANNING AND ORGANIZING

# *«Primero tenemos que decidir... »*

## LOS VIAJES

## INTRODUCCION

**A. ¡Organicémonos!** ¿Tú planeas con cuidado tus días? ¿Usas una libreta o un calendario especial para apuntar todo lo que vas a hacer? ¿Hasta qué punto es necesario o es buena idea planear la vida? ¿Cuándo hay que hacer planes? Con un(a) compañero(a), conversa sobre lo que ambos piensan.

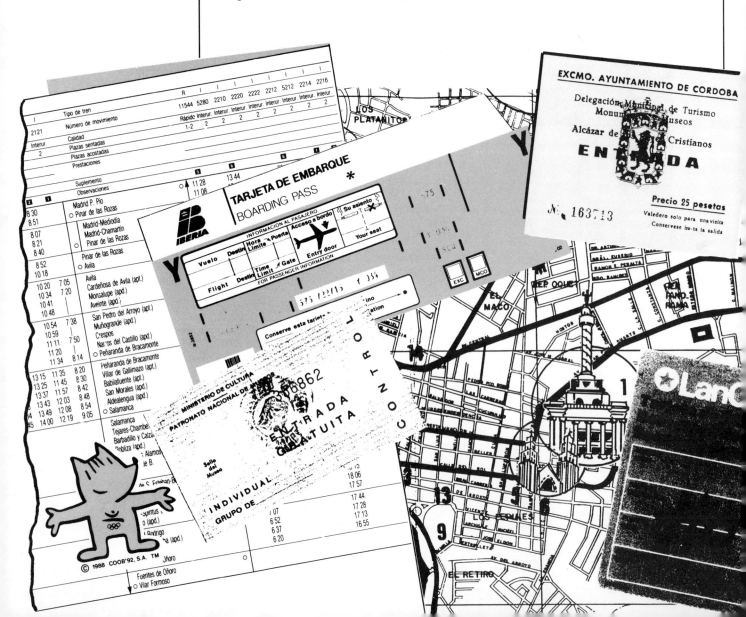

**B. Las vacaciones.** ¿Cuándo tienes vacaciones otra vez? ¿Adónde irás? ¿Qué harás? Contesta estas preguntas y luego conversa con dos compañeros de clase y toma nota de sus planes.

Mis planes: Estaré de vacaciones_____.

Iré/Pienso ir/Quiero ir/Me gustaría ir/Quisiera ir a_____,

donde_____.

Los planes de mis compañeros:

_____ : _____
  (Nombre)

_____

_____

_____ : _____

_____

_____

**C. Los planes.** Para ir a los lugares que apuntaste arriba, ¿qué ropa y otras cosas van a necesitar? Hagan una lista:

| Lugar | Ropa y ?? |
|---|---|
| | |
| | |
| | |
| | |
| | |
| | |
| | |
| | |

## ESCUCHAR Y PRACTICAR

### CONVERSACION 1: ¿ADONDE VAMOS?

ANTES DE ESCUCHAR

**CH. Mi lugar preferido.** Para prepararte a escuchar la primera conversación, piensa en la siguiente situación y conversa con otros estudiantes. Tú y tus compañeros han ganado un viaje de dos semanas, todo pagado, y pueden ir juntos a cualquiera de los siguientes lugares. Escucha las opiniones de tus compañeros y coloca en orden de preferencia (1, 2, 3,... ) los siguientes lugares. (¿Necesitan buscar datos en la biblioteca?)

5

_____ México, D.F. (la capital; la ciudad más populosa del mundo)

_____ Puerto Vallarta y Acapulco (playas)

_____ Guatemala (las ruinas mayas y los pueblos indígenas de la Meseta Central)

_____ Costa Rica (San José; las playas del Pacífico; la selva de la costa del Caribe)

_____ Colombia (Bogotá, en los Andes; Cartagena, en la costa del Caribe)

_____ Ecuador (Quito y otros lugares interesantes de los Andes; las Islas Galápagos)

_____ Perú (Lima, la capital; Cuzco, ciudad indígena y colonial; y Machu Picchu, las ruinas antiguas de los Incas en la selva)

_____ Chile (Santiago y la costa del sur)

_____ Argentina (Buenos Aires y la Pampa)

_____ España (Madrid, Barcelona y la Costa del Sol)

ESCUCHAR

D. ¿Qué haremos?   En la primera conversación, tres personas planean un viaje a Sudamérica.  Escucha la grabación y marca con un círculo en el mapa los países, las ciudades y las otras atracciones que quieren visitar los tres jóvenes.

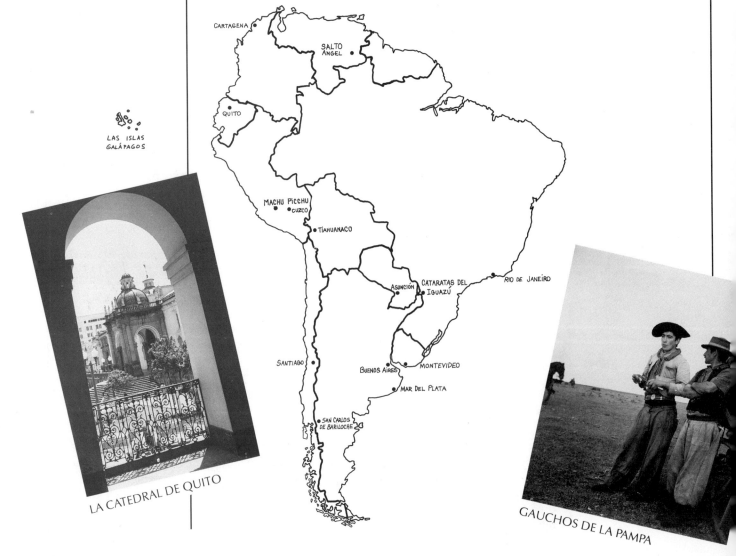

LAS ISLAS GALÁPAGOS

LA CATEDRAL DE QUITO

GAUCHOS DE LA PAMPA

**E. Más sobre los planes.** Escucha la conversación otra vez y contesta las siguientes preguntas.

1. ¿Cuánto tiempo de vacaciones tienen?_____

2. ¿En qué fecha comenzarán las vacaciones?_____

3. ¿Con qué país piensa comenzar la muchacha?_____

   ¿Por qué? ¿Qué hay allí?_____

4. ¿Qué palabras usaron para describir los lugares?

   > ejemplo:
   > Sudamérica: **genial.**
   >
   > Quito:_____
   >
   > Montevideo:_____
   >
   > Machu Picchu y Tiahuanaco:_____

**F. ¿Cómo dicen...?** Escucha una vez más y apunta las palabras que usan para expresar las siguientes ideas.

1. "Listen to this."_____

2. Otra expresión que significa "dos semanas"_____

3. "Shall we go together?"_____

4. "Good idea."_____

5. "I would love to go to Ecuador."_____

   _____

6. "really"/"actually"_____

7. "I've heard of that."_____

8. "Wait and see."_____

## DESPUES DE ESCUCHAR

memome

| Expresiones útiles para describir y explicar algo | |
|---|---|
| **Ese(a) soy yo.** | That's me. |
| **A mi lado está mi tía.** | At my side is my aunt. |
| **Este es mi perro.** | This is my dog. |
| **Estos (Esos) son unos turistas.** | These (Those) are some tourists. |
| **¿Pueden ver los animales?** | Can you see the animals? |
| **La ciudad es muy grande....** | The city is very large . . . . |
| **Es muy verde, porque llueve mucho.** | It's very green because it rains a lot. |
| **Es un lugar muy antiguo/ moderno.** | It's a very ancient/modern place. |
| **Fue muy divertido (aburrido/ interesante).** | It was a lot of fun (very boring/ interesting). |

**G.** Lo bueno y lo malo de... Si pudieras escoger entre las Islas Galápagos, Machu Picchu y la Argentina ¿adónde irías? Junto con otro(a) estudiante, discutan las ventajas y desventajas de los tres lugares.

**H.** ¿A qué lugares has viajado? Escoge un lugar muy bonito que conozcas y descríbelo a un grupo de compañeros. Trae a la clase unas tarjetas postales, fotografías o diapositivas y explícaselas a tu grupo.

## CONVERSACION 2: LOS PLANES PARA EL VIAJE

ANTES DE ESCUCHAR

**I.** Los quehaceres. ¿Qué hay que hacer para planear un viaje a otro país? Con dos compañeros, hagan una lista de los preparativos necesarios para viajar a España, por ejemplo.

Conseguir pasaporte. _____

_____

_____

_____

_____

ESCUCHAR

**J.** Tú te encargas de... En la segunda conversación, otro grupo de amigos discuten los preparativos que tienen que hacer para sus vacaciones. ¿De qué cosas tienen que encargarse? Escucha la conversación y haz una lista de los preparativos.

los pasaportes _____        _____

_____        _____

_____        _____

**L.** Apuntes. Escucha otra vez la conversación y apunta las formas de **encargarse de,** *to take charge of,* que oyes.

> ejemplo:
> *Yo me voy a encargar de la organización de esto.*

_____

_____

_____

**LL.** Para hablar de las tareas. ¿Qué otras expresiones usan para planear quién va a hacer las varias tareas? Escucha y llena los espacios en blanco.

— ¿Quién _____        _____

_____ los pasaportes?

— Yo _____ buscarlos.

— ¿ _____ las reservaciones?

— Sí, en cuanto tú nos _____ cuándo

_____ _____

volar, _____ las reservaciones.

— Ah, _____ _____

otra cosa, los pasajes aéreos.  Yo _____ los

pasajes aéreos.  Y... _____

_____ _____ una

lista de todas las cosas que _____

_____ llevar.

— Sí, porque _____

_____ _____ ropa

para clima _____ y ropa para

_____ caliente.

— ¿Qué _____ _____

cámaras creen que _____ mejor traer?  ¿Video

o cámara _____ ?

— De ambas.  Tú te encargas de _____ cámaras y

tú _____ las películas y los bombillos,

_____ _____

_____ .

— ¿Y cuántas _____ cada uno _____

_____ ?

— Cuando _____ las reservaciones del avión,

ellos _____ _____ .

DESPUES DE ESCUCHAR

Expresiones útiles para planear un viaje

| | |
|---|---|
| **Bueno, ¿por dónde comenzamos?** | OK, where shall we begin? |
| **Primero tenemos que (decidir adónde vamos).** | First we have to (decide where we're going). |
| **¿Vamos a (alquilar un coche)?** | Shall we (rent a car)? |
| **Propongo que (vayamos a... )** | I propose (we go to . . . .) |
| **No, yo prefiero....** | No, I prefer . . . . |
| **¿Por qué quieres (acampar)?** | Why do you want (to camp)? |
| **... está más cerca.** | . . . is closer. |
| **¿Qué te parece la idea?** | Do you like the idea? |
| **¡Qué buena idea!** | What a good idea! |
| **Eso (no) me gusta mucho.** | I (don't) like that a lot. |
| **¿A qué hora salimos de... ?** | What time do we leave . . . ? |
| **(llegamos a)... ?** | (arrive at) . . . ? |

**M. Las vacaciones ideales.** Con dos compañeros, planea unas vacaciones ideales. ¿Adónde irán? ¿Con quién? ¿Qué harán? ¿Cómo van a viajar? ¿Cuánto tiempo pasarán en cada lugar? ¿Dónde se alojarán?

**lugares**      **fechas**      **medios de transporte**

_____ _____ _____

_____ _____ _____

_____ _____ _____

**actividades**      **hospedaje (hoteles, etc.)**

_____ _____

_____ _____

_____ _____

_____ _____

_____

Ahora, con los mismos compañeros, hagan una lista de preparativos y decidan quién se encargará de cada uno.

**Preparativo**      **Persona encargada**

_____ _____

_____ _____

_____ _____

_____ _____

## CONVERSACION 3: LOS ULTIMOS PREPARATIVOS

ANTES DE ESCUCHAR

**N.** ¡Ya llegó el día!   Vas a viajar a otro país.  ¿Qué tienes que hacer?  Contesta las siguientes preguntas.

1. ¿Cómo vas a ir al aeropuerto internacional?_____

   _____

2. En el aeropuerto, ¿qué haces con las maletas?_____

   _____

   _____

3. ¿Qué haces con el pasaje?_____

   _____

4. ¿Cómo consigues el asiento?  ¿Qué asiento prefieres, pasillo o ventanilla?_____

   _____

5. ¿Tienes que pasar por la oficina de emigración y pagar algún impuesto?_____

   _____

6. ¿Qué quieres comprar en la tienda libre de impuestos?_____

   _____

## ESCUCHAR

**Ñ.  ¡Planes y más planes!**   En la tercera conversación, los tres amigos planean lo que van a hacer al día siguiente, cuando comiencen su viaje.  Hacen un plan, pero despúes recuerdan que hay mucho que hacer en el aeropuerto y van a necesitar más tiempo.
Escucha la tercera conversación varias veces y contesta las siguientes preguntas.

1. ¿Cómo van a ir al aeropuerto?_____
_____

2. ¿Qué necesitan hacer en el aeropuerto?  Apunta al menos tres cosas que tienen que hacer.

   a._____

   b._____

   c._____
   _____

3. Finalmente, ¿a qué hora piensan estar en el aeropuerto?_____
_____

4. ¿A qué hora van a recoger a la primera señorita?_____
_____

   ¿Y a la segunda?_____

5. ¿Van a alquilar un carro en Quito, o van a ir al hotel en autobús?_____

6. ¿Cómo se sienten los amigos?_____

**O.  ¿Qué dijeron?**   Escucha la conversación otra vez y escribe las siguientes expresiones en español.

1. How exciting!_____

2. Exactly._____

3. Oh, yes, of course._____

4. shortwave radio_____

5. Perfect!_____

6. 7:45_____

7. I'll pick you up . . . _____

8. Fantastic!  I can't wait._____
_____

9. I'm dying to get going._____

10. I'm ready to travel right now!_____
_____

## DESPUES DE ESCUCHAR

**P.  Para ir al aeropuerto.**   Tú y tu compañero(a) están en Madrid, donde han pasado unas vacaciones maravillosas, pero ahora tienen que regresar a su casa.  El avión sale a las 10:30 de la mañana, y ustedes pueden ir al aeropuerto en taxi, en bus o por el metro.

# HORARIO DE SALIDA

## Horarios de salidas en días LABORABLES

| HORA | COLON (MINUTOS) | AEROPUERTO (MINUTOS) |
|---|---|---|
| 4 | 45 | |
| 5 | 45 | 45 |
| 6 | 00 - 15 - 30 - 45 - 54 | 17 |
| 7 | 02 - 11 - 20 - 28 - 36 - 45 - 55 | 17 - 32 - 47 |
| 8 | 06 - 17 - 28 - 38 - 49 | 02 - 17 - 26 - 36 - 46 - 56 |
| 9 | 00 - 10 - 21 - 32 - 43 - 53 | 06 - 16 - 27 - 37 - 48 - 59 |
| 10 | 04 - 15 - 25 - 36 - 47 - 58 | 10 - 20 - 31 - 42 - 52 |
| 11 | 08 - 19 - 30 - 40 - 51 | 03 - 14 - 25 - 35 - 46 - 57 |
| 12 | 02 - 13 - 23 - 34 - 45 - 55 | 07 - 18 - 29 - 40 - 50 |
| 13 | 06 - 17 - 28 - 38 - 49 | 01 - 12 - 22 - 33 - 44 - 55 |
| 14 | 00 - 10 - 21 - 32 - 43 - 53 | 05 - 16 - 27 - 37 - 48 - 59 |
| 15 | 04 - 15 - 25 - 36 - 47 - 58 | 10 - 20 - 31 - 42 - 52 |
| 16 | 08 - 19 - 30 - 41 - 52 | 03 - 14 - 25 - 35 - 46 - 57 |
| 17 | 04 - 15 - 27 - 38 - 50 | 08 - 19 - 30 - 41 - 53 |
| 18 | 01 - 12 - 24 - 35 - 47 - 58 | 04 - 16 - 27 - 38 - 50 |
| 19 | 10 - 21 - 32 - 44 - 55 | 01 - 13 - 24 - 36 - 47 - 58 |
| 20 | 07 - 18 - 29 - 40 - 50 | 10 - 21 - 33 - 44 - 56 |
| 21 | 00 - 11 - 23 - 35 - 50 | 07 - 17 - 27 - 38 - 49 |
| 22 | 05 - 20 - 40 - 59 | 00 - 10 - 20 - 30 - 40 - 51 |
| 23 | 21 - 45 | 02 - 12 - 26 - 40 - 54 |
| 24 | 15 - 45 - 55 | 14 - 34 - 54 |
| 1 | 15 | 17 - 47 |
| | | 17 - 51 |

- LA DURACION APROXIMADA DEL RECORRIDO ES DE 30 MINUTOS
- CONSIGNA DE EQUIPAJES EN LA TERMINAL DE COLON
- SERVICIO DE TAXIS EN LAS TERMINALES

para cualquier consulta dirijase a:
**CENTRO DE INFORMACION E. M. T. Tel. 401 99 00**

Deciden tomar el bus. Estudien el horario de salida, y decidan a qué hora necesitan salir de la terminal de Colón. No se olviden de que tienen que estar en el aeropuerto dos horas antes de la salida para los vuelos internacionales, porque hay que hacer cola para que revisen la documentación.

Necesitamos tomar el bus de las _____ .

## momenr

### Expresiones útiles para dar consejos

| | |
|---|---|
| **Hay que (llegar temprano).** | One must (arrive early). |
| **Es necesario (ir por la autopista).** | It's necessary (to use the freeway). |
| **No te olvides de (preparar algunos sándwiches).** | Don't forget to (make some sandwiches). |
| **No te olvides de que (vamos a nadar).** | Don't forget that (we're going to swim). |
| **No lleven (demasiada ropa).** | Don't take (too much clothing). |
| **Les recomiendo que (llevemos una linterna).** | I recommend (we take a flashlight). |

**Q.** ¿Qué hacemos mañana? Mañana vas a pasearte con dos compañeros a algún lugar: un parque, una playa, las montañas, etc. Primero, decidan adónde van.

_____

Luego, hagan un plan de viaje. ¿Quién va a manejar? _____

¿A qué hora recogerá a cada uno de los otros, o a qué hora se reunirán en algún lugar para salir juntos de allí?_____

_____

¿Qué necesitan llevar? ¿Qué van a hacer al llegar?_____

_____

_____

## ACTIVIDADES

### SITUACIONES

**R.** **¿Eres un(a) buen(a) viajero(a)?** Tú vas a viajar a México con un(a) compañero(a). Tomen el siguiente examen, para ver si son buenos viajeros y para averiguar si se van a entender. Las preguntas fueron formuladas a base de entrevistas con docenas de agentes de viajes, funcionarios y guías de turismo, que señalaron las cualidades de los buenos viajeros. Si no han viajado a otro país, contesten como les parece que reaccionarían.

**¿Sí o No?**

_____ 1. ¿Tienes miedo de viajar solo(a)?

_____ 2. ¿Te enojas cuando estás en un hotel que no tiene agua caliente, papel higiénico ni otras cosas a las que estás acostumbrado(a) en casa?

_____ 3. ¿Tratas de conocer las costumbres y la historia de un país antes de visitarlo?

_____ 4. ¿Tiendes a unirte a algún (alguna) compañero(a) de viaje?

_____ 5. ¿Tiendes a discutir si piensas que te están cobrando de más, o si esperan que les des una propina?

_____ 6. ¿Tratas de hablar el idioma del lugar?

_____ 7. ¿Te alejas de los lugares más frecuentados por los turistas?

_____ 8. Cuando regresas a casa, ¿encuentras tu equipaje repleto de ropa que nunca usaste durante el viaje?

_____ 9. ¿Haces esperar a tus compañeros de viaje mientras tomas fotografías?

_____ 10. ¿Te gusta probar platos nuevos o diferentes?

_____ 11. ¿Llevas siempre un pequeño botiquín de primeros auxilios pensando que puede ocurrir una emergencia?

_____ 12. ¿Estás obsesionado(a) por la posibilidad de perder tus joyas o tu dinero durante el viaje?

_____ 13. ¿Protestas en voz alta si no te agrada el restaurante, motel, posada u hotel?

_____ 14. ¿Tratas de imitar a los naturales del país que visitas, en cuanto a las costumbres y al modo de vestir?

_____ 15. Cuando estás de viaje, ¿te preocupas por lo que estará sucediendo en casa?

## Respuestas

Tus respuestas deben ser **NO** a todas las preguntas excepto 3, 6, 7, 10 y 11.

## Puntuación

**12 a 15 correctas:** El mundo es tuyo. Eres un(a) viajero(a) nato(a) que disfruta de todas las nuevas experiencias y, lo que es más, eres un(a) buen(a) embajador(a) de tu país o comunidad. Eres admirado(a) y bien recibido(a) tanto por las personas locales como por tus compañeros de viaje.

**8 a 11 correctas:** Eres un(a) viajero(a) muy bueno(a), pero a veces eres demasiado egoísta y te preocupas mucho por divertirte a tu gusto.

**4 a 7 correctas:** Estarás más contento(a) si viajas en grupo con un guía. Selecciona viajes que te lleven a lugares parecidos a tu país natal. Trata de analizar tus problemas de viaje. Pierdes muchas experiencias valiosas porque no sabes disfrutar de todo lo que te pueden brindar los otros países.

**1 a 3 correctas:** ¡Quédate en casa!

(Adapted from pp. 128–130 of _Tests para conocer a los demás,_ by Jane Serrod Singer, Editores Asociados Mexicanos, S.A. (Edamex), Angel Urraza 1322, México 12, D.F.)

¿Cómo saliste? ¿Son ustedes parecidos?

memory

| Expresiones útiles para expresar opiniones | |
|---|---|
| **A mí me parece que (somos buenos turistas).** | I think (we're good tourists). |
| **Somos muy (diferentes/ semejantes).** | We are very (different/similar). |
| **Yo debo viajar con un grupo.** | I should travel with a group. |
| **Tú no./Y tú también.** | You shouldn't./You should, too. |
| **Es mejor (no) hacer eso porque...** | It's better (not) to do that because .... |
| **Yo pienso de otra manera.** | I have a different opinion. |

Ahora, con todos tus compañeros, discutan las cualidades de un buen turista. ¿Qué piensan del "examen"?

**RR.** ¡**Adonde fueres, haz lo que vieres!** Este refrán es tan antiguo que lleva una forma gramatical que pasó de uso hace siglos—el futuro del subjuntivo. ¿Dice la verdad? ¿Debemos hacer todo lo que vemos? Si observas cuidadosamente todo lo que ves en otros países, notarás costumbres que para ti son nuevas e inclusive, muy extrañas. Con un(a) compañero(a) de clase, estudia los dibujos de la página 94 que muestran actividades realizadas en países de habla española, a ver si alguno de ustedes se fija en detalles que le parezcan distintos de las costumbres de ustedes. Explíquenlos.

Ahora, junto con otros dos estudiantes, hablen de los siguientes temas.

1. De todos los detalles que han notado, ¿cuáles deberían imitar para llevarse bien con la gente de otro país?_____

   _____

   _____

   _____

2. ¿Cuáles no necesitan imitar sino aceptar?_____

   _____

   _____

Yo viajo
¿Tú viajas?

© 1988 COOB'92 S.A. TM

**S.  El itinerario.**  Una estudiante española va a llegar mañana a pasar una semana contigo y con otro(a) compañero(a).  Es una muchacha alegre que quiere conocerlo todo. Hagan un plan para que ella conozca bien la ciudad y sus alrededores y para que disfrute de una estadía agradable.

¿Adónde la llevarán?_____

¿Cómo viajarán?_____

¿Cuál será el itinerario?_____

_____

¿Dónde y qué comerán?_____

_____

Luego, comparen su plan con el plan de otros dos estudiantes.

memo

| Expresiones útiles para expresar preferencias | |
|---|---|
| **Es imprescindible que vea... .** | It's essential that she see . . . . |
| **Yo quisiera llevarla a... .** | I'd like to take her to . . . . |
| **Creo que debe conocer... .** | I think she ought to see . . . . |
| **Vamos a llevarla a... .** | Let's take her to . . . . |
| **No, el otro es mejor porque... .** | No, the other is better because . . . . |
| **¡Pero está demasiado... !** | But it's too . . . ! |

**T.  ¡Felicitaciones!**  Tú y tus compañeros de clase han recibido el Premio Internacional de la Amistad para viajar durante dos semanas con Pulmantur, una compañía que ofrece viajes por Europa, EE.UU. y Canadá.  Sólo tendrán que pagar un suplemento individual, todo lo demás es gratis.  Tienen tres semanas para viajar a España, hacer el recorrido de 17 días y regresar a su casa.  Pueden escoger entre dos viajes: uno que recorre España (información en la página 97) y otro que visita el noreste de España y varios países europeos (información en la página 98).  Primero, escoge uno de los dos viajes.  La tabla en la página 96 te ayudará a organizar las ideas.  Puedes indicar tus preferencias utilizando un signo + (positivo), un Ø (me da igual) o un − (negativo).

|  | Viaje | |
| --- | --- | --- |
|  | No. 128 | No. 174 |
| Guías locales | ++ | + |
| Seguro turístico | | |
| Bolsa de viaje | | |
| Radio en el autocar (bus) | | |
| Televisión | | |
| Hoteles de alta calidad | | |
| Oportunidades para descansar | | |
| Tiempo libre | | |

Precio del suplemento individual
Viaje No. 128:                          Viaje No. 174:


Lugares que me gustan mucho (playas, ciudades interesantes, etc.):
Viaje No. 128:




Viaje No. 174:




Visitas que no me interesan mucho:
Viaje No. 128:




Viaje No. 174:

# 17 días

# Ronda Ibérica

**FECHAS DE SALIDA:** MAYO: 7
JUNIO: 9
JULIO: 1 12
AGOSTO: 1 12 23
SEPTIEMBRE: 3 27

| PRECIOS POR PERSONA, EN PESETAS | | |
|---|---|---|
| CIUDAD DE SALIDA Y LLEGADA | Hab. doble con baño o ducha | Suplemento individual |
| MADRID-MADRID ................... | 99.900 | 17.600 |
| SEVILLA-MADRID (15 días) ........... | 94.500 | 15.400 |
| TORREMOLINOS-MADRID (14 días) ..... | 91.300 | 14.300 |
| GRANADA-MADRID (12 días) .......... | 84.700 | 12.100 |

% Descuento tercera persona en habitación triple.

ITINERARIO:

**1 día: MADRID - BAILEN - CORDOBA - SEVILLA**
Salida de nuestra TERMINAL, Plaza de Oriente, 8, a las 9,00 horas hacia Bailén. **Almuerzo.** Salida a continuación hacia Córdoba. **Breve visita** de la ciudad, prosiguiendo el viaje por Carmona para llegar a Sevilla. **Cena** y **alojamiento.**

**2 día: SEVILLA**
Estancia en régimen de **media pensión.** Por la mañana, **visita** de la ciudad, en donde destacan la Basílica de la Macarena, Reales Alcázares, la Catedral y Parque de María Luisa. Tarde libre.

**3 día: SEVILLA - JEREZ - CADIZ - ALGECIRAS - TORREMOLINOS**
**Desayuno** y salida hacia Jerez de la Frontera. **Visita** de una de sus famosas bodegas. Continuación del viaje hacia el Puerto de Santa María y Cádiz. **Almuerzo** y **recorrido panorámico** de la ciudad, prosiguiendo por la tarde hacia Tarifa, Algeciras y recorriendo la mundialmente famosa Costa del Sol, llegar a Torremolinos. **Alojamiento.**

**4 día: TORREMOLINOS - GRANADA**
**Desayuno** y mañana libre, durante la que podrá realizarse alguna excursión facultativa. (Almuerzo libre.) Por la tarde, salida hacia Loja y Santa Fe, para llegar a Granada. **Cena** y **alojamiento.**

**5 día: GRANADA**
Estancia en régimen de **media pensión.** Por la mañana, **visita** de la ciudad: Palacio de la Alhambra, sus patios, torres y palacios, Jardines del Generalife, Catedral y Capilla Real. Tarde libre.

**6 día: GRANADA - MURCIA - ELCHE - ALICANTE**
**Desayuno** y salida en dirección a Guadix, Puerto Lumbreras y Murcia, la llamada Huerta de Europa, donde se realizará el **almuerzo**, prosiguiendo por la tarde hacia Elche, **visita** de su curiosísimo Huerto del Cura, con palmeras de gran antigüedad y altura excepcional. Después de la visita, salida hacia Alicante. **Cena** y **alojamiento.**

**7 día: ALICANTE - PEÑON DE IFACH - VALENCIA**
**Desayuno** y **almuerzo.** Mañana libre. Por la tarde, salida hacia el Peñón de Ifach. Breve parada para contemplar el impresionante Peñón, inmenso monolito de 328 metros de altura. Continuación del viaje por Sueca, El Saler, breve parada para contemplar la Albufera y llegada a Valencia. **Cena** y **alojamiento.**

**8 día: VALENCIA - TARRAGONA - BARCELONA**
**Desayuno** y **almuerzo.** Mañana libre, durante la que se podrá realizar una visita facultativa de la ciudad, Museo Histórico Municipal, Lonja de Mercaderes, Catedral, etc. Por la tarde, salida para Tarragona. Breve parada, prosiguiendo el viaje por la costa, hasta Vendrell, y por la autopista llegar a Barcelona. **Cena** y **alojamiento.**

**9 día: BARCELONA**
Estancia en régimen de **media pensión.** Por la mañana, **visita** de la ciudad. Barrio Gótico, Catedral, Pueblo Español, auténtica expresión de los más típicos rincones de España. Tarde libre. Durante la que se podrá realizar una excursión facultativa a Montserrat y disfrutar de los encantos de la noche barcelonesa.

**10 día: BARCELONA - TUDELA - BILBAO**
**Desayuno** y salida por la autopista hacia Zaragoza y Tudela. **Almuerzo** y continuación del viaje por Logroño, para llegar a Bilbao. **Cena** y **alojamiento.**

**11 día: BILBAO - SANTILLANA DEL MAR - SANTANDER**
**Desayuno** y salida por poblaciones de la costa cantábrica hacia Santillana del Mar, situada en el fondo de un hermoso valle, uno de los lugares mejor conservados, más pintorescos y dignos de visitarse de España con casas, todas ellas con blasones, escudos de armas, divisas y en ellos el recuerdo de los más preclaros linajes de Castilla. Tiempo libre. (Almuerzo libre.) Finalmente salida hacia Santander. **Cena** y **alojamiento.** Tarde libre en Santander, capital de la montaña a orillas del Cantábrico.

**12 día: SANTANDER - FUENTE DE - COVADONGA - OVIEDO**
**Desayuno** y salida hacia Fuente De, enclavado en el macizo de los Picos de Europa. **Almuerzo.** Por la tarde, continuación por el Valle del Cares hacia Covadonga, para **visitar** la Gruta y la Basílica y seguir hacia Oviedo. **Cena** y **alojamiento.**

**13 día: OVIEDO - GIJON - LUGO**
**Desayuno** y salida hacia Gijón, el más importante núcleo turístico de Asturias, situado en el centro de la costa cantábrica. (Almuerzo libre.) Por la tarde proseguimos el viaje para llegar a Lugo, pasando por Castrojal y Meira. **Cena** y **alojamiento** en Lugo, importante ciudad amurallada.

**14 día: LUGO - LA CORUÑA - SANTIAGO DE COMPOSTELA**
**Desayuno** y salida hacia La Coruña. (Almuerzo libre.) **Recorrido panorámico** de esta bella y hospitalaria ciudad para admirar su famosa y conocida Torre de Hércules, el faro más antiguo del mundo, playas, etcétera, y tiempo libre para recorrer la ciudad vieja, de ambiente señorial y tranquilo, de estrechas calles, íntimas y pequeñas plazas de fuerte sabor marinero. Salida en dirección a Santiago de Compostela. **Cena** y **alojamiento.**

**15 día: SANTIAGO - RIAS BAJAS - LA TOJA - VIGO - SANTIAGO**
**Desayuno, cena** y **alojamiento** en Santiago. Salida para realizar un recorrido por la zona más atractiva de las pintorescas Rías Bajas gallegas, pasando por poblaciones tan características como Villagarcía de Arosa y Cambados, para llegar a la isla de La Toja, universalmente conocida por sus baños. Tiempo libre, para proseguir el recorrido en dirección a Vigo, donde se dispondrá de tiempo libre. (Almuerzo libre.) Finalmente, regreso a Santiago de Compostela.

**16 día: SANTIAGO DE COMPOSTELA**
Estancia en régimen de **media pensión.** Por la mañana se realizará una **visita** de la ciudad, uno de los más importantes núcleos monumentales de España, lleno de pintorescos y poéticos rincones de un excepcional ambiente. Entre sus monumentos destaca su famosa Catedral, máxima obra de arte románico y barroco, sus colegios universitarios y el encanto de sus rúas. Tarde libre.

**17 día: SANTIAGO - PUEBLA DE SANABRIA - MADRID**
**Desayuno** y salida hacia Orense y Puebla de Sanabria, donde se **almuerza**, prosiguiendo el viaje en dirección a Madrid, a nuestra TERMINAL.

FIN DEL VIAJE

# 17 días Europa «In»

### (Francia-Inglaterra-Bélgica-Holanda-Alemania-Suiza)

**FECHAS DE SALIDA:**

MAYO: ▮▮          SEPTIEMBRE: ▮▮▮▮
JUNIO: ▮▮▮▮      OCTUBRE: ▮
JULIO: ▮▮▮▮▮▮▮  NOVIEMBRE: 3
AGOSTO: ▮▮▮▮▮▮▮  DICIEMBRE: 1

**TEMP. BAJA** ▮▮▮▮

### PRECIOS POR PERSONA, EN PESETAS, EN HABITACION DOBLE CON BAÑO O DUCHA

| CIUDAD DE SALIDA Y LLEGADA | TEMP. BAJA | TEMP. ALTA | Suplemento individual |
|---|---|---|---|
| MADRID-MADRID ........... | 119.500 | 136.500 | 26.600 |
| MADRID-ZARAGOZA ........ | 118.500 | 135.500 | 26.600 |
| BURGOS-MADRID ........... | 119.400 | 136.400 | 26.600 |
| VITORIA-MADRID ........... | 119.300 | 136.300 | 26.600 |
| BILBAO-MADRID ........... | 118.400 | 135.400 | 26.600 |
| S. SEBASTIAN-MADRID ...... | 118.300 | 135.300 | 26.600 |
| MADRID-BARCELONA (16 días) | 116.000 | 133.000 | 25.500 |

**5 %** Descuento tercera persona en habitación triple.

## ITINERARIO:

### 1 día: MADRID - BILBAO - BURDEOS (Le Lac)
Salida de nuestra TERMINAL, Plaza de Oriente, 8, a las 8,00 horas, hacia Bilbao, donde se realizará el **almuerzo**, prosiguiendo por la tarde hasta Behovia, paso de la frontera y continuación para llegar a Burdeos. **Cena** y **alojamiento**.

### 2 día: BURDEOS - TOURS - PARIS
**Desayuno** y salida por la autopista hacia el Valle del Loira para llegar a Tours, donde se realizará el **almuerzo**. Por la tarde, salida en dirección a París. Llegada. **Alojamiento**.

### 3 día: PARIS
Estancia en régimen de **desayuno** y **alojamiento**. Por la mañana, **visita panorámica** de la ciudad, Plaza de la Concordia, Campos Elíseos, Arco del Triunfo, Barrio Latino, Nôtre Dame, Montmartre, etc. Tarde libre. Durante la noche podrá realizarse una visita facultativa de la Ciudad Luz, con sus famosos cabarets y elegantes espectáculos.

### 4 día: PARIS
Estancia en régimen de **desayuno** y **alojamiento**. Día libre. Existe la posibilidad de realizar una excursión facultativa al Palacio de Versalles, el más suntuoso del mundo, que recuerda la pretérita gloria de la Corte francesa.

### 5 día: PARIS - CALAIS - DOVER - LONDRES
**Desayuno** y salida hacia Calais para cruzar el Canal de la Mancha. Desembarque en Dover y continuación del viaje hacia Londres. Llegada y **alojamiento**.

### 6 día: LONDRES
Estancia en régimen de **desayuno** y **alojamiento**. Por la mañana, **visita panorámica** de la ciudad, Casas del Parlamento, Torre del Big-Ben, Picadilly, Plaza de Trafalgar, Oxford St., Abadía de Westminster, concluyendo con el cambio de la Guardia en el Palacio de Buckhingham. Tarde libre.

### 7 día: LONDRES
Estancia en régimen de **desayuno** y **alojamiento**. Día libre, durante el que se podrán recorrer los concurridos comercios de la ciudad, visitar sus innumerables museos o bien participar en una excursión facultativa al Castillo de Windsor.

### 8 día: LONDRES - DOVER - ZEEBRUGGE - BRUJAS - BRUSELAS
**Desayuno** y salida hacia Dover. Embarque en el ferry para cruzar de nuevo el Canal de la Mancha y llegar al puerto belga de Zeebrugge. Desembarque y continuación del viaje en autocar hacia Brujas; breve **recorrido a pie** de esta increíble ciudad medieval, prosiguiendo hacia Bruselas. Llegada. **Cena** y **alojamiento**.

### 9 día: BRUSELAS
Estancia en régimen de **media pensión**. Por la mañana, **visita panorámica** de la ciudad, donde podrá admirarse el Atómium, gigantesco átomo construido como símbolo de la Exposición Universal, Catedral, Palacio Real y su Ayuntamiento, enclavado en una de las más bellas plazas del Continente. Tarde libre en la capital económica de Europa.

### 10 día: BRUSELAS - ROTTERDAM - LA HAYA - AMSTERDAM
**Desayuno** y salida hacia Rotterdam, uno de los más importantes puertos del mundo. **Almuerzo** y continuación a La Haya. Breve parada en esta bella población holandesa, prosiguiendo el viaje y llegar a Amsterdam. **Cena** y **alojamiento**.

### 11 día: AMSTERDAM
Estancia en régimen de **media pensión**. Por la mañana, **visita panorámica** de la ciudad de los cien canales, con sus elegantes casas de ladrillos, altas y estrechas, su animada Plaza del Dam, sus museos, entre los que destacaremos el Rijksmuseum, uno de los más ricos del mundo. Por la tarde, posibilidad de efectuar una excursión facultativa a Marken, típico pueblo situado en una antigua isla y unida a tierra firme por un dique, y Volendam, pueblo de pescadores, de gran actividad y tipismo.

### 12 día: AMSTERDAM - COLONIA - BONN
**Desayuno** y salida por la autopista que conduce a la frontera alemana y Colonia, que cuenta con una de las Catedrales más artísticas de Europa. **Almuerzo** y tiempo libre. Por la tarde, continuación para llegar a Bonn, ciudad natal de Beethoven. **Cena** y **alojamiento**.

### 13 día: BONN - COBLENZA - CRUCERO POR EL RHIN - BACHARACH - FRANKFURT
**Desayuno** y salida hacia Coblenza. Embarque en el vapor que realizará el crucero por el Rhin, pudiendo contemplar el pintoresco paisaje en ambos lados y sus típicas mansiones medievales y castillos, así como el colorido del tráfico fluvial. Desembarque en Bacharach y almuerzo libre. Por la tarde, continuación del viaje en autocar con dirección a Frankfurt, gran emporio industrial. **Cena** y **alojamiento**.

### 14 día: FRANKFURT - BASILEA
**Desayuno** y mañana libre (almuerzo libre). Por la tarde, salida por la autopista que, bordeando la Selva Negra, nos conduce a Basilea, estratégica ciudad suiza situada en el vértice de las fronteras alemana y francesa. **Cena** y **alojamiento**.

### 15 día: BASILEA - BERNA - GINEBRA - LYON
**Desayuno** y salida hacia Berna, capital de Suiza. Breve parada y continuación a Ginebra, cosmopolita ciudad a orillas del lago Leman. **Almuerzo**. Salida por la tarde hacia la frontera francesa, para llegar a Lyon. **Cena** y **alojamiento**.

### 16 día: LYON - FIGUERAS - BARCELONA
**Desayuno** y salida por la autopista hacia Montpellier, Perpignan y Figueras. **Almuerzo** y continuación para llegar a Barcelona. **Cena** y **alojamiento**.

### 17 día: BARCELONA - ZARAGOZA - MADRID
**Desayuno** y salida hacia Zaragoza. **Almuerzo** y continuación del viaje hacia Calatayud y Guadálajara, para llegar a Madrid, a nuestra TERMINAL.

Ahora, habla con tus compañeros para ver quiénes han escogido el mismo viaje. Con uno o dos de ellos, hagan sus planes.

1. ¿En qué mes prefieren viajar? (¿Depende del clima o de la fecha de sus vacaciones?)_____

2. ¿Qué ropa van a necesitar?_____
   _____
   _____

3. ¿Qué otras cosas quieren llevar?_____
   _____
   _____

4. ¿Cuántas maletas deben llevar? ¿Por qué?_____
   _____

5. ¿Quién se va a encargar de reservar los pasajes de avión?
   _____

6. ¿Cómo irán al aeropuerto?_____

7. ¿Qué más necesitan planear?_____
   _____

# FUERA DE CLASE

U. Escoge un país que te gustaría visitar y busca los datos que necesitarías si planearas un viaje a ese país. Puedes informarte en las bibliotecas y las agencias de viajes, o puedes entrevistar a alguien que haya visitado ese país recientemente. Trata de conseguir información gráfica—fotografías, carteles, mapas, tablas de información, artesanías, etc. Luego, prepara una charla sobre el país para la clase.

1. país:_____

2. fuentes de información:_____
   _____
   _____

3. apuntes:_____
   _____
   _____
   _____
   _____
   _____

4. materiales que puedo usar:_____
   _____
   _____

**V.** Inviten a la clase a alguien que haya visitado un país de habla española para que les hable y muestre fotos, diapositivas, etc. La persona escogida debe ser alguien que hable bien el español. Pídanle que les dé consejos sobre cómo hacer un viaje algún día a ese lugar. Tomen apuntes sobre lo que dice, incluso las expresiones que usa para describir, explicar y aconsejar.

_____

_____

_____

_____

_____

# vocabulario palabras y expresiones que quiero recordar

# 6

## RECOUNTING EVENTS, LISTENING TO ANECDOTES

# «Érase una vez...»

## LA FAMILIA

---

## INTRODUCCION

**A. Eso me recuerda...** Mira la tira cómica. ¿Qué le hace al chico recordar una historia familiar? ¿Crees que el contar anécdotas sobre la familia es una manera común de compartir experiencias e ideas? ¿Por qué sí o por qué no?

**B. Una anécdota cómica.** El tema de este capítulo es la familia, y la función comunicativa en que vamos a concentrarnos es la de escuchar y relatar historias. Es común escuchar las anécdotas que nos cuentan nuestros amigos y decirles también lo que nos ha pasado a nosotros. Contesta las siguientes preguntas. Luego conversa con dos compañeros y apunta las respuestas de ellos.

1. ¿Cuáles son algunas anécdotas favoritas de tu familia?

   _____

2. ¿A quién relatas estas anécdotas?

   _____

3. ¿Qué anécdotas sabes de tus amigos?

   _____

4. ¿En qué situaciones relatan anécdotas tú y tus amigos?

_____

5. ¿Cómo se reflejan los sentimientos del (de la) narrador(a) en su voz y en su manera de hablar?

_____

# ESCUCHAR Y PRACTICAR

## CONVERSACION 1: BATMAN Y ROBIN A LA MISION

### ANTES DE ESCUCHAR

**C. El mundo de la fantasía.**  Es evidente que a los niños les gusta el mundo de la fantasía y que juegan en él como si fuera un mundo verdadero.  Les gusta hacer el papel de madre, o de padre, o de cualquier héroe o heroína de su vida.  Hablen ustedes de las fantasías que creaban de niños(as).

1. ¿Qué escenas imaginaban?
2. ¿Quiénes eran los personajes?
3. ¿Quiénes hacían los papeles?
4. Describan el argumento de los dramas.
5. ¿Por qué les gustaba tanto hacer un papel activo en estas fantasías?
6. ¿Qué importancia tiene esta clase de diversión en la vida de un(a) niño(a)?
7. ¿Hiciste algo peligroso alguna vez?  ¿Qué pasó?
8. ???

**CH. Cuando yo era niño(a)...**  Vas a escuchar una anécdota sobre un juego imaginativo de dos chicos.

1. ¿Qué papeles hacías tú?
2. ¿Salían mal a veces?

### ESCUCHAR

**D. ¿Qué pasó?**  Escucha la primera conversación fijándote en un aspecto de la conversación a la vez.  La primera conversación trata de dos niños que hacían los papeles de Batman y Robin. ¿Qué hacían los chicos? ¿Qué les pasó?
   Escucha la primera conversación para ver lo que pasó.

1. ¿Qué hicieron los dos niños?

_____

2. ¿Cuál fue el resultado?

_____

3. ¿Cómo los castigó su papá?

**E. A mi parecer...** Después de haber escuchado la conversación, ¿qué opinas tú?

1. ¿Qué te parece la anécdota?

_____

2. ¿Es cómica o absurda?

_____

3. ¿Crees que son así los niños?

_____

4. ¿Hacías tú tales cosas?

_____

5. ¿Qué te parece el castigo?

_____

6. ¿Cómo te castigaban tus padres?

_____
_____

**F. ¿Qué dijeron?** Escucha la conversación otra vez y llena los espacios en blanco.

Te voy a contar algo _____ . _____

que un día mi papá decide regalarnos los _____ de Batman y

Robin. Entonces, mi hermano, como es el _____ , él es

_____ y yo soy la _____ ,

entonces, yo soy _____ .

Bueno, _____ _____

después, decidimos que Batman y Robin _____

_____ _____

_____ _____ . Y nos subimos al

_____ . Nos tomamos de las manos y decimos, —Batman y

Robin _____ _____

_____ — y brincamos del tejado abajo, desde el

_____ _____ . Y en esas,

_____ _____ llega.

Y nos ve. No, pues, que nos ve en _____

_____ todos llenos de _____

_____ de las rosas de mi mamá.  Bueno, nos castigaron

_____  _____

_____  y mì papá no se aguantó con nosotros y

_____  _____

_____  otra vez.

**G. Más detalles.**   Ahora escucha la conversación una vez más buscando respuestas a las siguientes preguntas.

1. Según la persona que cuenta la anécdota, ¿cómo se describe el suceso?

   _____

2. ¿Quién les regaló los disfraces?

   _____

3. ¿Por qué hace su hermano el papel de Robin?

   _____

4. ¿De qué piso brincaron los dos?

   _____

5. ¿Dónde aterrizaron?

   _____

6. ¿De qué estaban llenos?

   _____

**H. ¿Cómo se dice en inglés… ?**   Al relatar una anécdota el (la) que la cuenta usa algunas expresiones para comenzar la historia, otras para añadir algo y otras más para llamar la atención a algo.  El (La) que escucha usa expresiones para demostrar comprensión e interés. ¿Cuál es la expresión equivalente en inglés para cada una de las siguientes?

| | ¿Quién habla? ¿La narradora o el oyente? | Equivalente en inglés |
|---|---|---|
| 1. Te voy a contar… | _____ | _____ |
| 2. … algo increíble… | _____ | _____ |
| 3. A ver,… | _____ | _____ |
| 4. Imagínate,… | _____ | _____ |
| 5. Claro. | _____ | _____ |
| 6. ¡Uy! ¡Qué horror! | _____ | _____ |
| 7. Y, ¿qué paso? | _____ | _____ |
| 8. Ay, ¡Dios mío! | _____ | _____ |
| 9. Bueno. | _____ | _____ |
| 10. Ah, pues, comprendo. | _____ | _____ |

DESPUES DE ESCUCHAR

**Expresiones útiles para contar una historia o una anécdota**

| | |
|---|---|
| **Escuchen, les voy a contar algo increíble.** | Listen, I'm going to tell you something unbelievable. |
| **Les voy a contar algo que nos pasó un día.** | I'm going to tell you something that happened to us one day. |
| **Una vez,... .** | Once, . . . . |
| **Fíjense que... .** | Just imagine that . . . . |
| **No me van a creer.** | You're not going to believe me. |
| **Fue algo espantoso.** | It was something frightening. |
| **Fue divertidísimo.** | It was great fun. |
| **Y luego...** | And then . . . |
| **Oye, tengo que decirte.** | Listen, I have to tell you. |
| **¿Sabes lo que pasó?** | Do you know what happened? |
| **No vas a creer lo que me dijo.** | You're not going to believe what he (she) told me. |
| **Algo muy extraño nos pasó (ocurrió).** | Something very strange happened to us. |

**Expresiones útiles para comentar sobre una historia o anécdota**

| | |
|---|---|
| **¡Qué horror!** | How awful! |
| **Y luego, ¿qué pasó?** | And then what happened? |
| **Ay, ¡Dios mío!** | Oh, my goodness! |
| **Ah, pues, comprendo.** | Oh, well, I understand. |
| **Claro.** | Of course. |
| **Te escucho.** | I'm listening to you. |
| **Dime. (Cuéntame.)** | Tell me. |
| **Sí, sí, sigue.** | Yes, yes, go on. |
| **¿Sí? No lo puedo creer.** | Is that right? I can't believe it. |
| **¡No me digas!** | You don't say! |
| **Pero no me vas a decir que... .** | But you're not going to tell me that . . . . |
| **No, no lo creo.** | No, I don't believe it. |
| **Y ¿qué pasó después?** | And what happened afterwards? |

**I.** ¿Sabes lo que me pasó a mí una vez? Ahora te toca a ti contar una anécdota.

1. Piensa en todos los detalles de algo que te ocurrió cuando eras niño(a) y cuéntalo a tus compañeros de clase. ¿Quiénes intervenían? ¿Dónde y cuándo sucedió? ¿Qué fue lo que pasó?

2. Formen grupos de tres o cuatro estudiantes. Cada miembro del grupo debe contar una anécdota sobre algo que le pasó durante su niñez. Los otros deben decir algo para demostrar su comprensión e interés y deben hacerle preguntas si hay algo que no entienden. Después, deben escoger una anécdota para presentarla a los demás.

3. Presenten las anécdotas seleccionadas de esta manera. Cuando la persona que cuenta la historia llegue al punto culminante, debe detenerse para que los otros traten de adivinar el fin. Después, si no pueden adivinarlo, el (la) narrador(a) debe decirles lo que pasó de verdad.

# CONVERSACION 2: MI HERMANO MENOR

ANTES DE ESCUCHAR

**J.** **Los hermanos mayores y los hermanos menores.** A veces los hermanos mayores creen que sus hermanos menores son pesados porque los menores quieren ir a donde van los mayores y hacer lo que hacen ellos. Quieren estar donde están sus hermanos. Admiran mucho a sus hermanos mayores porque quieren ser como ellos, pero es una admiración que los hermanos mayores no quieren.

Hablen en clase sobre las relaciones entre hermanos en una familia.

1. En casa
   a. cuando están con los padres
   b. cuando están con sus amigos
   c. cuando no hay ni padres ni amigos
2. Fuera de casa
   a. cuando están en el coche
   b. cuando están en una tienda
   c. cuando están en la escuela
   ch. cuando juegan
3. ???

**L.** **Preguntas personales.** Escribe las palabras que usarías para describir las relaciones que tienes con tu familia.

1. Con tus hermanos _____

_____

2. Con tus abuelos _____

_____

3. Con tus padres _____

_____

ESCUCHAR

**LL.** **En el restaurante.** Escucha la segunda conversación, fijándote en lo que hizo el hermano menor cuando estaba en el restaurante con su familia. Escribe un breve resumen de lo que pasó.

_____

_____

_____

_____

_____

**M.** **Yo creo...** ¿Qué opinas tú?

1. ¿Debía haber castigado al niño?
2. ¿Por qué crees que debía o no debía haberlo hecho?
3. ¿Qué te parece la idea de llevar niños a un restaurante «muy formal y muy fino»?

**N. Explicaciones.** Escucha la segunda conversación otra vez para explicar lo siguiente.

1. ¿Por qué le contó el cuento la joven?

_____

2. ¿Por qué decidió el papá llevar a los niños a un restaurante muy formal y muy fino?

_____

3. ¿Por qué trató el mesero de quitarle el plato al niño?

_____

4. ¿Por qué apuñaló el niño al mesero con el tenedor?

_____

5. ¿Por qué dejó caer el plato el mesero?

_____

6. ¿Por qué se iba a morir la mamá?

_____

**Ñ. ¿Cuándo ocurrió?** La joven le cuenta la historia a su amiga empleando el pretérito, el imperfecto y el presente de los verbos. Escucha otra vez lo que le pasó a la familia en el restaurante y escribe tres listas. En una lista, escribe los verbos que describen la situación (imperfecto) en el pasado; en la segunda, los verbos que mencionan una acción que empezó o terminó (pretérito) en el pasado; y en la tercera, los verbos que deja en el presente.

1. *Imperfecto*

_____

_____

_____

2. *Pretérito*

_____

_____

_____

3. *Presente*

_____

_____

_____

DESPUES DE ESCUCHAR

Expresiones útiles para mantener el interés

| | |
|---|---|
| **Les voy a contar algo estupendo.** | I'm going to tell you something stupendous. |
| **Apuesto a que no saben lo que pasó anoche.** | I'll bet you don't know what happened last night. |
| **No me van a creer, pero yo mismo(a) lo vi.** | You're not going to believe me, but I saw it myself. |
| **Escuchen lo que nos sucedió una vez cuando estábamos en... .** | Listen to what happened to us once when we were in . . . . |
| **Pero eso no fue nada.** | But that was nothing. |
| **Ahora viene lo peor (mejor).** | Now comes the worst (best) part. |
| **Y como si eso fuera poco,... .** | And as if that weren't enough, . . . . |
| **Por fin...** | Finally . . . |
| **De repente...** | Suddenly . . . |
| **¡Pum! ¡Pum!** | Bang! Bang! |
| **¡Cataplum!** | Crash! |
| **¡Ay, ayyy!** | Ooooouch! |
| **¡Ufa!** | Oooof! |
| **¡Epa!** | Eeek! |
| **¡Ay!** | (Expression of pain, surprise, amazement) |

O. Mi hermano(a). Relata una historia que trate de un(a) hermano(a) tuyo(a).

1. Piensa en alguna situación en la que un(a) hermano(a) tuyo(a) haya tenido un papel importante. Puede ser una situación chistosa, triste, espantosa, etc.
   a. ¿Cuándo ocurrió? ¿Dónde?
   b. ¿Quiénes estaban presentes? ¿Qué pasó?
2. Divídanse en grupos según el tipo de situación: chistosa, triste, alegre, espantosa, u otra. Luego, relaten las historias y escojan una para contársela a los compañeros de los otros grupos.
3. Cuenten la historia a los demás.

## CONVERSACION 3: MI HIJO QUIERE TENER UN ANIMAL DOMESTICO

ANTES DE ESCUCHAR

P. Los animales. Tarde o temprano la mayoría de los niños quieren tener un animal doméstico. A veces los padres quieren uno y a veces no, pero a veces no importa lo que quieran los padres. Generalmente, no pueden decirle que no al (a la) niño(a) y al fin y al cabo conseguirán el animalito. Habla con tus compañeros buscando respuestas a las siguientes preguntas.

1. ¿Qué animales domésticos tienen los norteamericanos? ¿Los de otros países?
2. ¿Dónde viven los animales?
3. ¿Quiénes los cuidan?
4. ¿Qué papel tienen estos animales en la familia y en la vida de los niños?
5. ???

**Q. En mi casa...** En la tercera conversación, un chico quiere traer un animal a casa. Haz una lista de todos los animales que tenías tú cuando eras niño(a).

_____

_____

_____

ESCUCHAR

**R. La historia de un animal doméstico.** Escucha la tercera conversación y trata de comprender lo más importante. Mientras escuches, piensa en lo que les pasa al chico y al animal.

1. ¿Quién quiere un animal?

_____

2. ¿Qué animal llevó a casa?

_____

3. ¿Le gustó a la madre?

_____

4. ¿Qué le pasó al animal?

_____

**RR. Preguntas personales.** Contesta las siguientes preguntas.

1. ¿Te parece verdad este cuento? ¿Por qué sí o por qué no?

_____

2. ¿Qué te parece tener una rana?

_____

3. ¿Qué le parece a la madre del niño?

_____

4. ¿Qué opinas de tener un animal en casa?

_____

**S. Una rana en casa.** Escucha la conversación otra vez para saber más de la rana.

1. ¿Dónde la metió el niño?

_____

2. ¿Quién la cuidaba?

_____

3. ¿Qué le daba de comer?

_____

**T. Y después, ¿qué pasó?** Escucha la conversación una vez más, prestando atención a la manera en que el amigo demuestra su interés en el cuento y su comprensión de lo que está diciéndole la madre. ¿Qué dice el amigo después de oír lo siguiente?

1. A mí no me gusta tener animales en casa.

   _____

2. Se le ocurre que él quiere tener un animal.

   _____

3. Y ¿sabes con qué se presenta a la casa?

   _____

4. A la mañana siguiente, pues, la rana está ahí.

   _____

5. Afuera. Tranquila.

   _____

6. En el jardín. La metió en un, en un cubo.

   _____

7. ¡No me preguntes! No sé. Total es que pasan los días y llega ayer.

   _____

8. … que un perro inmenso, de… que vive como tres casas más abajo…

   _____


## DESPUES DE ESCUCHAR

Expresiones útiles para demostrar interés y comprensión

| | |
|---|---|
| **Sí, yo también estaba allí.** | Yes, I was there, too. |
| **Eso me recuerda de la historia que me contó.** | That reminds me of the story he (she) told me. |
| **A propósito, ¿sabes lo que hizo Ramón?** | By the way, do you know what Ramón did? |
| **Es como el día en que la conocí.** | It's like the day I met her. |
| **Como decía, lo que hacía me pareció extraño.** | As I was saying, what he (she) was doing seemed strange to me. |
| **Para volver a la historia, en aquel momento… .** | To return to the story, at that moment . . . . |
| **¿Qué me decías?** | What were you telling me? |
| **Pero no has terminado el cuento.** | But you haven't finished the story. |
| **¿Por qué?** | Why? |
| **¿Para qué?** | For what purpose (reason)? |
| **¿Y luego?** | And then what? |
| **¿Y qué hiciste tú?** | And what did you do? |
| **¡Qué lío!** | What a mess! |
| **¡Qué mono!** | How cute! |
| **¡Qué barbaridad!** | How absurd! |
| **¡Qué inteligente!** | How intelligent! |

**U. Mi animal doméstico preferido.**   Describe los animales domésticos que tenían en tu casa.

1. ¿Cómo eran?
    a. ¿Cuál era el más perezoso, el más divertido, el más fastidioso, el más caro, el más inteligente y el más raro?
    b. ¿Cuál recuerdas mejor?
    c. ¿Cómo influían en la vida familiar?
2. Prepárate para relatar una anécdota sobre uno de los animales de tu familia. Luego, habla con un(a) compañero(a) de clase sobre los animales de su familia.
    a. Relata tu anécdota sobre un animal que haya tenido tu familia.
    b. Ahora, hazle preguntas a su compañero(a) sobre los animales que haya tenido su familia.
    c. Escucha la anécdota que relate tu amigo(a), demostrando interés y comprensión, y haciéndole preguntas cuando no entiendas lo que dice.

**V. Razones obvias.**   Contesten ustedes esta pregunta: ¿Por qué es tan común tener animales en casa hoy en día?  Den cuantas explicaciones que les parezcan razonables.

# ACTIVIDADES

## SITUACIONES

**X. ¡Todos tenemos un tesoro de cuentos inolvidables!**   Tratan de nosotros mismos, de nuestra familia, de nuestros amigos y de nuestros animales.  Escoge uno de tus cuentos, uno que recuerdes muy bien, y cuéntalo a tus compañeros de clase.  Piensa en todos los detalles más importantes: ¿Dónde y cuándo sucedió? ¿Quién lo protagonizó? Busca, también, algunas fotos de la persona o del animal para llevarlas contigo a clase.

En clase, presenta la persona o el animal a tus compañeros mostrándoles las fotos. Describe bien su aspecto físico y su personalidad para que tus compañeros lo (la) conozcan y para que entiendan mejor la anécdota.  Debes dramatizar la situación para que sea más interesante.  ¡Nárralo muy bien!

Buena suerte.

Tus compañeros deben hacerte preguntas si hay algo que no comprendan.

**Y.** ¡Buscamos actores y actrices cómicos! Los dueños de los canales más importantes de televisión — ABC, CBS, NBC, PBS y Fox — saben que al público le gusta reír. Todos quieren ver programas de humor, pero desgraciadamente no hay muchos actores y actrices cómicos. A tu clase de español vienen descubridores de personas con talento de los canales importantes para presenciar una competencia entre estudiantes.

¿Quién sabrá relatar el chiste más gracioso?

Todos deben prepararse para relatar un chiste o una anécdota graciosa a la clase. (Si quieren, ustedes pueden traer objetos que ayuden a los demás a entender mejor la situación.)

**Z. Mi primera cita.** Uno de los acontecimientos más emocionantes de la vida es la primera cita. Es emocionante hacer planes y pensar en salir con el (la) enamorado(a). Relata a un(a) compañero(a) de clase todo lo que tiene que ver con tu primera cita.

a. la invitación
b. los planes
c. lo que hicieron ustedes
ch. lo que pasó después

Tu compañero(a) te hará preguntas si quiere saber más.

**AA.** ¿Sabes lo que me pasó a mí? En los países hispánicos es común reunirse todos en familia para la comida, para conversar así como para comer.

Este es un ejercicio para cuatro personas que formarán una «familia». El (La) profesor(a) le dará a cada persona una tarjeta con algunos datos sobre lo que le pasó durante el día. La persona debe imaginar la situación, añadir más y contar algo durante la comida. Todos tendrán algo que relatar y los otros miembros de «la familia» deben mostrar interés y hacer preguntas para comprender bien lo que pasó.

6

**BB. Una escena.** Un padre (Una madre) habla con su hijo(a). El padre (La madre) le pregunta al (a la) hijo(a) qué hizo la noche anterior. El (La) hijo(a) le dice que fue a la casa de un(a) amigo(a) y le cuenta lo que hicieron.

(Lo que pasó de veras es que él [ella] fue con algunos[as] amigos[as] a un club nocturno para bailar, tomar una copa y divertirse, pero claro está que no quiere decirle nada de eso a su padre [madre]. Otra cosa que pasó de veras es que la madre del [de la] amigo(a) llamó a su casa para hablar con su hijo[a], pues creía que estaba allí. Por eso el padre [la madre] no le cree al [a la] hijo[a] y trata de averiguar la verdad.)

## FUERA DE CLASE

**CC.** Escoge una tira cómica de algún periódico o revista en español que tenga que ver con la familia. Trae una fotocopia a clase y explica a los demás lo que pasa.

**CHCH.** Mira una telenovela en español, o en inglés, y describe una situación corriente a ver si tus compañeros pueden adivinar de cuál hablas.

**vocabulario** palabras y expresiones que quiero recordar

# Capítulo 7

# «*Siento tener que avisarles…*»

## COMPRAS Y REPARACIONES

## INTRODUCCION

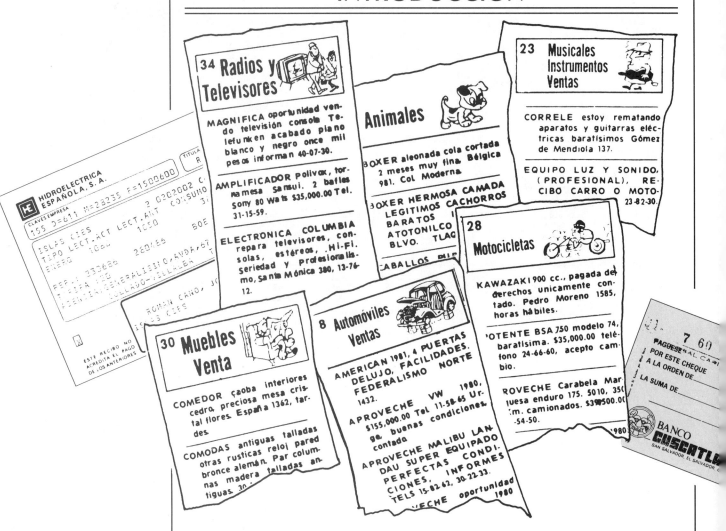

A. **¡Me encanta salir de compras!**   ¿Necesitas comprar algo de alguna de las categorías representadas en los anuncios clasificados?  Cuando piensas en hacer compras, ¿qué imágenes se te ocurren?

Por ejemplo—

1. **tus sueños:** ¿Hay algo que tengas ganas de comprar?

2. **los precios:** ¿Te preocupan mucho? ¿Tienes suficiente dinero en tu cuenta del banco?

_____

_____

3. **tu tarjeta de crédito:** ¿Tienes una? ¿La usas mucho? ¿Cuándo la usas?

_____

_____

4. **el tráfico de la calle:** ¿Te molesta, o te gusta el movimiento?

_____

5. **tu colección de (algo):** ¿Qué coleccionas? ¿Cuántos(as) tienes?

_____

_____

6. **el regateo** (_bargaining_): ¿Sabes regatear? ¿Alguna vez has ido de compras en otro país a un mercado al aire libre? ¿Qué experiencia tuviste?

_____

_____

_____

7. **tu lista de necesidades:** ¿Haces una lista antes de salir de casa? (¿La llevas contigo o se te olvida en casa?)

_____

_____

8. **las decisiones:** ¿Te cuesta mucho decidir entre los artículos que se te ofrecen? ¿Qué factores influyen en tus decisiones?

_____

_____

Compara tus respuestas con las respuestas de varios compañeros de clase.

**7**

**B.** ¡Mire, vengo a quejarme!   ¿Has tenido que quejarte alguna vez de algo que compraste o de alguna reparación mal hecha?  ¿Qué pasó?  ¿Cuál fue el resultado de tu queja?  ¿Tuviste éxito?

_____

_____

_____

Explica la situación a tus compañeros de clase.

# ESCUCHAR Y PRACTICAR

## CONVERSACION 1: ¿ME LAS DEJA POR CIENTO VEINTE?

<u>ANTES DE ESCUCHAR</u>

**C. El regateo.**   En una tienda donde los precios son fijos, no es necesario regatear, pero para comprar algo en el mercado al aire libre, hay que saber algunas reglas con respecto al regateo:

- El (La) vendedor(a) no espera recibir el primer precio que pide.
- Puedes ofrecer más o menos la mitad de la cantidad que te pide el (la) vendedor(a).
- El (La) vendedor(a) y el (la) cliente discuten el precio hasta llegar a un acuerdo. Muchas veces no logran fijar una suma aceptable para los dos, y el (la) cliente sigue buscando un precio mejor en otro puesto.

1. Si tú quisieras vender algo—tu reloj, por ejemplo—¿cuánto pedirías?

   _____

2. ¿Cuánto aceptarías?  ¿Cuál sería tu último precio? _____

3. Si tú lo compraras en el mercado, ¿cuánto ofrecerías por el reloj?

   _____

4. ¿Cuánto estarías dispuesto(a) a pagar?  (¿Cuál sería tu precio más alto?)

   _____

5. Ofrece algo—tu reloj, por ejemplo—a un(a) compañero(a), para ver cuánto pagaría él (ella).  Recuerden: Tú necesitas recibir lo más posible, y tu compañero(a) no querrá pagar una suma astronómica.

<u>ESCUCHAR</u>

**CH. El regateo en el mercado.**   En la primera conversación un señor compra naranjas en el mercado.  Escúchala y apunta los precios que oigas.

1. ¿Cuánto pide la señorita por cada naranja? _____

2. ¿Cuánto pide por seis naranjas? _____

3. ¿Cuántas naranjas ofrece por 75 pesos? _____

4. ¿Cuánto ofrece el señor por dos docenas? _____

5. ¿Cuánto paga por fin por las 24 naranjas? _____

**D.** ¿Qué dirían en inglés?   Escucha la conversación otra vez y busca las siguientes expresiones.  ¿Qué dirían las personas en inglés en la misma situación?  (Adivina por el contexto.)

1.  ¿Qué se le ofrece, señor? _____

2.  ¿No hay unas más grandecitas? _____
    _____

3.  ¿A cómo están? _____

4.  Si las compra a media docena, son cuarenta pesos. _____
    _____
    _____

5.  Bueno, mire… _____

6.  Estas son a setenta y cinco, ¿no? _____
    _____

7.  ¿Me las deja por ciento veinte? _____
    _____

8.  ¿Qué le parece? _____

9.  De acuerdo, ciento veinticinco. _____
    _____

10. Dos docenas por ciento veinticinco. _____
    _____

DESPUES DE ESCUCHAR

Expresiones útiles para regatear en el mercado

| | |
|---|---|
| **¿Cuánto pide por la corbata?** | How much are you asking for the tie? |
| **¿A cómo vende los dulces?** | What price are you asking for the candy? |
| **¿Cuánto valen las plumas?** | How much are the pens? |
| **Para usted, un buen precio.** | For you, a good price. |
| **Valen siete pesos la docena.** | They're worth seven pesos per dozen. |
| **Se lo vendo por siete dólares.** | I'll sell it to you for seven dollars. |
| **Se las dejo en cuarenta centavos.** | I'll let you have them for forty cents. |
| **Mire la calidad de la tela.** | Look at the quality of the fabric. |
| **Es una ganga, señor.** | It's a bargain, sir. |
| **¡¿Tanto?! Es demasiado.** | So much?! It's too much. |
| **Pero, ¿no ve que es muy viejo(a) y feo(a)?** | But don't you see that it's very old and ugly? |
| **Le doy la mitad de lo que pide.** | I'll give you half of what you're asking. |
| **Le puedo ofrecer sesenta centavos.** | I can offer you sixty cents. |
| **Cincuenta pesos, ni un centavo más/menos.** | Fifty pesos, not a cent more/less. |
| **No, señor(a), es muy poco.** | No, sir (ma'am), it's very little. |
| **Soy pobre y tengo que mantener a mis seis hijos.** | I'm poor and I have to support my six children. |
| **No, qué va. No se puede.** | No, of course not. It can't be done. |
| **Cincuenta y cinco, no acepto menos.** | Fifty-five, I won't accept less. |
| **Bueno, de acuerdo.** | Okay, it's a deal. |
| **No me queda más remedio.** | I have no choice. |
| **Aquí tiene el vuelto, señor(a). (la vuelta, en España)** | Here is your change, sir (ma'am). |
| **Me debe veinte centavos.** | You owe me twenty cents. |
| **Aquí tiene.** | Here it is. |

**E. Un mercado en la clase.** Ahora, van a tener un «mercado». Algunos estudiantes arman sus "puestos" y traen muchos artículos a clase para vender. Los otros serán los clientes; cada cliente tiene que comprar al menos una cosa. Recuerden que los vendedores quieren recibir el precio más alto posible, y los clientes quieren pagar lo menos posible. Pero ¡sean corteses y respetuosos!

---

## CONVERSACION 2: TENGO QUE DEVOLVER ESTOS ZAPATOS

ANTES DE ESCUCHAR

**F. Los zapatos apretados.** ¿Alguna vez has tenido que devolver algo que compraste? ¿Por qué? ¿Cuándo es necesario devolver una compra y pedir que se nos devuelva el dinero? ¿Conoces a alguien que siempre trata de devolver las compras y los regalos?

Describe lo que pasa en el dibujo: El señor ha comprado unos zapatos, pero _____

_____

El dependiente _____

_____

### Vocabulario útil

| | |
|---|---|
| **devolver** | *to return (something)* |
| **demasiado apretados** | *too tight* |
| **doler** | *to hurt* (**Me duelen los pies.**) |
| **medias** | *socks* |

¿Cómo crees que terminará la situación? _____

_____

### ESCUCHAR

**G.** **¡Usted tiene que hacer algo!** En la segunda conversación un joven desea devolver los zapatos que compró, pero el dependiente dice que cuando los compró el cliente, le quedaban perfectamente bien. Escucha la conversación y llena los espacios en blanco con las palabras y frases que faltan.

— Sí, señor. Buenas tardes. ¿En qué le _____

_____ ?

— Buenas tardes, señor. Vea, _____

_____ _____ .

Yo tengo que devolver _____

_____ porque definitivamente me quedan

_____ _____ .

— Sí, señor, pero cuando usted los llevó, eh, _____

_____ .

— Sí, pero usted me insistió de que con un uso adecuado…

_____ a ceder y me _____

a quedar más _____ y eso no ha ocurrido.

— Pero, si mal no recuerdo, cuando usted _____

_____ venía con unas _____

_____ . Ahora está usando tal vez…

— Yo no creo que eso influya mucho. Además, esos zapatos son como de un

_____ , eh, _____

_____ . Yo lo que _____

es que me los _____ o que me

_____ el dinero.

— Sí, señor. Parece que usted _____ de gusto

desde que _____ los zapatos, y los usó…

— Yo no he cambiado de gusto…

— Y entonces ya no se lo podemos devolver. No se los podemos

_____ .

— Yo no he cambiado de gusto. _____

_____ _____ es que

estos zapatos no son _____ . Me quedan muy

_____ . Me están _____

los pies. Usted tiene… _____

_____ .

— Bueno, pero es que ya ha pasado _____

_____ desde que usted se los llevó y

_____ realmente este problema yo no lo

_____ resolver. Tengo que _____

_____ _____ .

Permítame un _____ .

**H.** ¿Qué dijeron? Contesta las siguientes preguntas según el contenido de la conversación.

1. ¿Por qué quiere el cliente devolver los zapatos? (Menciona dos razones.) _____

_____

_____

_____

2. ¿Qué dijo el dependiente cuando el cliente estaba comprando los zapatos? _____

_____

3. ¿Qué quiere el cliente que haga el dependiente? _____

_____

4. ¿Por qué dice el dependiente que no puede devolverle el dinero? _____

_____

5. ¿Cuál es el resultado de la discusión? _____

_____

**I.** ¡En español, por favor! Escucha otra vez la conversación y apunta las expresiones españolas que usaron para decir lo siguiente.

1. How may I help you? _____

_____

2. If I remember right . . . _____

_____

3. Your taste seems to have changed. _____

_____

4. The fact of the matter is that these shoes are no good.

_____

_____

5. You have to do something. _____

_____

6. Excuse me just a minute. _____

_____

## DESPUES DE ESCUCHAR

Expresiones útiles para presentar y rechazar las quejas

| | |
|---|---|
| **Siento tener que decirle...** | I'm sorry to have to tell you .... |
| **Mire, tengo un problema con este (esta)...** | Look, I have a problem with this .... |
| **Mire, vengo a quejarme.** | Look, I'm here to complain. |
| **Perdón, señor(a), pero la verdad es que...** | Excuse me, sir (madam), but the fact is that .... |
| **Creo que han cometido un error.** } **Creo que se han equivocado.** | I think you've made a mistake. |
| **Este aparato que compré aquí ya no funciona.** | This machine that I bought here isn't working any more. |
| **Además, es de un material inferior.** | Besides, it's made of inferior material. |
| **Mire, ya está roto(a).** | Look, it's already broken/torn. |
| **Está manchado(a).** | It's stained. |
| **Se destiñó.** | It's faded. |
| **Quiero que me devuelva el dinero.** | I want my money back. |
| **¡Mire, estoy perdiendo la paciencia!** | Look, I'm losing my patience! |
| **¡Lo(s) necesito ahora!** | I need it (them) now! |
| **¡No puedo esperar más!** | I can't wait any longer! |
| **¡Esto es el colmo!** | This is the last straw! |
| **Yo no puedo suportar más...** | I can't take any more .... |
| **Sí, tiene razón, pero...** | Yes, you're right, but .... |
| **Me reparó (arregló/compuso) esto, pero...** | You repaired this for me, but .... |
| **Hace dos semanas que lo (la) compró.** | You bought it two weeks ago. |
| **Seguramente lo (la) usó para algo que no debía.** | Surely you used it for something you shouldn't have. |
| **No puedo devolverle el dinero.** | I can't return your money. |
| **Se lo (la) puedo cambiar por otro(a).** | I can exchange it for another. |

**J. ¡Este bolígrafo no sirve!**   Ustedes ya tuvieron un «mercado» en clase, y tú compraste algo que otro(a) estudiante vendía. Ahora resulta que lo que compraste no sirve. Vuelve a su «puesto» y trata de devolvérselo. (Primero, piensa un poco en lo que tienes que decir y cómo lo puedas explicar.) Cuidado: Tu cliente también querrá devolver lo que le vendiste.

# CONVERSACION 3: ¿QUE TALLA BUSCA?

## ANTES DE ESCUCHAR

**L. ¿Qué ropa te gustaría comprar?**   Los estudiantes de la clase forman un círculo, y cada uno dice en una frase qué prenda de ropa quiere comprar.  Un(a) estudiante comienza el juego diciendo que quiere comprar algo: **Quiero comprar un pantalón corto.**  El (La) siguiente estudiante repite lo que dijo el (la) primero(a) y añade lo que él (ella) quiere comprar: **Quiero comprar un pantalón corto y un vestido talla 18.**  Sucesivamente todos añaden algo y tratan de recordar lo que compraron todos los anteriores.

Después, apunta los nombres de varias cosas que quieren tus compañeros.

_____     _____

_____     _____

_____     _____

_____     _____

HOJAS (VERDE VIVO)

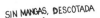

TALLA 8

SIN MANGAS, DESCOTADA

TALLA 16

MANGAS LARGAS, RAYADA

**LL. ¿Cómo está vestido(a) tu compañero(a)?**   Para prepararte a comprender la tercera conversación, describe la ropa que lleva uno (una) de los estudiantes, para que los demás lo (la) identifiquen.  ¿Qué ropa lleva?  ¿De qué color es?  ¿De qué talla, más o menos?  ¿Tiene mangas largas o mangas cortas?  ¿De qué tela es?  Si es un vestido, ¿es largo o tiene minifalda?  ¿Está de moda?

Puedes hacer unos apuntes ahora; no mires a la persona mientras la describes: _____

_____

_____

_____

_____

## ESCUCHAR

**M. Un vestido especial.**   En esta conversación participan dos personas: una vendedora de ropa de mujer y un señor que busca un vestido especial para su novia. Escúchala dos veces y describe el vestido que desea comprar el señor.

1. color: _____

2. mangas: _____

3. falda: _____

4. talla: _____

5. cuello: _____

6. tela: _____

MINIFALDA

TALLA 12

FALDA LARGA, AZUL CLARO

**N.** Escucha la conversación otra vez y escribe **C** (cierta) o **F** (falsa) para cada una de las siguientes aserciones.

_____ 1. La novia del señor y la dependienta tienen más o menos las mismas medidas (*measurements*).

_____ 2. El señor busca un vestido largo, de cóctel, para su novia.

_____ 3. El primer vestido que la dependienta le muestra es de un color que no le gusta al señor, porque él quiere un rojo más brillante.

_____ 4. El vestido que él compra es de poliéster.

_____ 5. La dependienta se pone el vestido para que el cliente lo vea mejor.

**Ñ.** ¿Cómo se dice en inglés...? Escucha otra vez y apunta las siguientes expresiones en inglés, usando el contexto de la conversación para comprenderlas en español.

1. ¿En qué puedo servirle? _____

   _____

2. Ando buscando un vestido. _____

   _____

3. Mire, aquí está éste. _____

   _____

4. ¿Qué le parece éste? _____

5. ¿Por qué no me hace el favor de ponérselo? _____

   _____

6. De esa manera me doy cuenta de cómo luce. _____

   _____

7. Sí, éste le queda perfecto. _____

   _____

8. Bueno, entonces me llevo el rojo. _____

   _____

DESPUES DE ESCUCHAR

Espresiones útiles para ir de compras

| | |
|---|---|
| **¿En qué le puedo servir?** | How may I help you? |
| **Busco una grabadora.** | I'm looking for a tape recorder. |
| **Quiero una que tenga radio también.** | I want one that has a radio also. |
| **¿Qué le parece ésta?** | How do you like this one? |
| **Preferiría otro color.** | I would prefer another color. |
| **Es demasiado pequeño(a).** | It's too small. |
| **¿Qué tal esa otra, de color gris?** | How about that other one, the gray one? |
| **¿Cuánto vale?** | How much is it (worth)? |
| **¿Hay impuestos?** | Is there a tax? |
| **¿Aceptan tarjetas de crédito y cheques personales?** | Do you accept credit cards and personal checks? |
| **Sólo aceptamos dinero en efectivo.** | We accept only cash. |
| **Aquí está (tiene) su vuelto.** | Here's your change. |
| **Que pase un buen día.** | Have a good day. |
| **Vuelva usted otro día.** | Come back another day. |

**O.** Un regalo.   Tú quieres comprar un regalo especial para alguien—tu novio(a), tu mamá, tu hermanito, etc.—y vas al almacén más grande de la ciudad. ¡Allí encuentras a otro(a) estudiante que está trabajando de dependiente(a)! Explícale exactamente lo que quieres comprar. Después de comprarlo, pídele que te lo envuelva como regalo.

# ACTIVIDADES

## SITUACIONES

**P.** Un regalo ideal.   Piensa en un regalo que te gustaría recibir y escribe su nombre en secreto en un papel. No dejes que lo vean tus compañeros. Luego, con otros dos estudiantes, hagan una lista de regalos que a todos les gustaría comprar para los otros miembros de la clase. ¡No se olviden de nadie! Finalmente, lean su lista a la clase para ver a cuántas personas les darían ustedes exactamente lo que han pedido.
**Yo quisiera recibir… .**

Q. ¡Ay, qué servicio más malo!   Trabaja con un(a) compañero(a).  El (La) profesor(a) le dará a uno(a) de ustedes una situación en la que tenga que quejarse y lograr que la otra persona devuelva el dinero, cambie el artículo por otro, etc.  El (La) otro(a) estudiante hará el papel de dependiente.

R. ¿Qué ropa necesitas mandar a la lavandería/tintorería?

1. Haz una lista de la ropa sucia que necesita ser lavada en seco. _____

   _____

   a. Según la lista, ¿cuánto te costaría en el Hotel Córdoba en España? _____

   b. ¿Cuánto costará si quieres que te laven los artículos en menos de 24 horas? _____

   c. Si pierden o arruinan algún artículo, ¿cuánto puedes cobrar? _____

   ch. ¿Y si el artículo es de cuero? _____

2. Ahora, con un(a) compañero(a), hagan los siguientes papeles.
   a. El (La) cliente, que lleva su ropa (de la lista que escribió arriba) a la tintorería y luego regresa para recogerla, necesita todo en menos de un día.  Al recoger su ropa, cree que han arruinado una de las prendas.
   b. El (La) dependiente(a), que le entrega la ropa y le cobra el valor del lavado en seco.

   Cada uno debe calcular independientemente el valor del lavado en seco, menos el descuento por los daños.  Si no están de acuerdo, tendrán que discutirlo.

**hotel Meliá Córdoba**

**TINTORERIA - LAVADO EN SECO**
Nettoyage á sec.
Dye - and - Dry cleaning

| NOMBRE | | | TOTAL DE PIEZAS | HABITACION | N.º |
|---|---|---|---|---|---|
| FECHA DE ENTREGA | HORA | A DEVOLVER EL | | HORA | |

Tenga la bondad de rellenar la hoja indicando el número y clase de piezas entregadas.

Entregado antes de 24 horas tendrá un recargo del 50%.

**AVISO IMPORTANTE**

No nos responsabilizamos de los desperfectos causados a prendas de: ante, cuero, encaje, etc.

La responsabilidad del Hotel en caso de pérdida o deterioro de un artículo, no podrá nunca exceder cinco veces del precio que se cobra por el servicio.

Los sábados solo se recogerá el servicio urgente, con recargo del 50%, hasta las 10 de la mañana. Los domingos cerrado.

| PIEZAS | ARTICULOS | PRECIOS | TOTAL | PIEZAS | ARTICULOS | PRECIOS | TOTAL |
|---|---|---|---|---|---|---|---|
| | SEÑORA | | | | CABALLERO | | |
| | Abrigo ............... | 600 | | | Abrigo ............... | 600 | |
| | Blusa ............... | 275 | | | Americana ........... | 400 | |
| | Chaqueta ........... | 400 | | | Americana Smoking ..... | 450 | |
| | Falda ............... | 250 | | | Corbata ............. | 160 | |
| | Falda plisada .......... | 500 | | | Gabardina ........... | 575 | |
| | Pantalón ............. | 300 | | | Jersey ............... | 260 | |
| | Pantalón corto ........ | 200 | | | Pantalón............. | 300 | |
| | Rebeca ............. | 260 | | | Pantalón corto ........ | 200 | |
| | Vestido  ............. | 475 | | | Pantalón Smoking ....... | 350 | |
| | Vestido largo........ | 600 | | | | | |
| | | | | | | TOTAL... | |

3.06.477
Gráficas Andalus

**7**

RR. ¡A comprar un automóvil! ¿Qué marca de auto te gustaría tener? Imagínate que tienes oportunidad de comprarlo. Vas a la agencia y hablas con el (la) dependiente(a). Describe el coche que quieres, con todos los detalles posibles. Por ejemplo, puedes usar los «tips» de la lista de abajo.

El (La) dependiente(a) tratará de venderte un coche, ¡claro! A ver si lo compras.

## TIPS QUE DEBES TENER EN CUENTA ANTES DE COMPRAR UN AUTOMOVIL

1. Economía (cuántos kilómetros rinde por litro de gasolina).
2. Tamaño y espacio para pasajeros, según tus necesidades.
3. Número de puertas.
4. Caballos de fuerza.
5. Dirección asistida (es decir, *power steering*).
6. Sistema de calefacción y aire acondicionado.
7. Fabricación del auto: extranjera o nacional.
8. Facilidades para obtener las piezas de repuesto.
9. Costo de las reparaciones.
10. Tipo de transmisión (automática o manual).
11. Extras (radio, piloto automático, cristales ahumados).
12. Variedad de mecánicos expertos en este tipo de automóvil.
13. Recomendaciones de amistades que hayan tenido contacto con ese tipo de auto.

## COMO SABER SI EXISTE ALGUN PROBLEMA EN EL AUTO

1. El motor no arranca.
2. El motor pierde potencia.
3. El motor tiene una marcha abrupta.
4. Se escucha un ruido extraño.
5. El motor se recalienta.
6. El auto consume demasiada gasolina.
7. Los cambios de la transmisión se producen erráticamente.
8. Los frenos suenan al activarlos.
9. La transmisión resbala.
10. La transmisión emite ruidos anormales.

S. Hay un problema con el auto. Resulta que después de un mes, tu coche nuevo ya no funciona bien. Escoge uno (o más) de los problemas de la lista de arriba y vuelve a la agencia para quejarte. El (La) dependiente(a) tendrá que hacer algo, ¿verdad?

# FUERA DE CLASE

**¡COLECTOMANIAAA!**

Sapos, tigres, elefantes, monedas, insectos, calcetines ... y tú... ¿qué coleccionas?

T. ¿Tienes una colección de algo? ¿Qué coleccionas? ¿Por qué? ¿Cuánto te ha costado tu colección? ¿Cuántos ejemplares tienes? Prepara una charla sobre tu colección, si tienes una, y trae algunas muestras de ella a la clase. Haz una lista de las cosas que coleccionan tus compañeros:

_____    _____

_____    _____

_____    _____

_____    _____

**U.** Entrevista a alguna persona que haya vivido en otro país para averiguar cuáles son las diferencias y semejanzas entre ese país y el tuyo en cuanto a las compras y las quejas.  Haz un cuestionario:

- ¿Qué productos llevan garantía?
- ¿Qué servicios de reparación existen?
- ¿Qué tarjetas de crédito se usan?
- ¿Cuánto cuestan los aparatos, los comestibles, etc., en comparación con lo que cuestan en Norteamérica?
- ¿Podría explicar (demostrar) la costumbre de regatear? (dónde y cómo se regatea; qué errores tienden a cometer los extranjeros al tratar de regatear)
- Otras preguntas: _____

_____

_____

_____

_____

Presenta en clase los datos que hayas conseguido.

_____

_____

_____

_____

_____

_____

_____

_____

**V.** ¿Compras por teléfono productos que se anuncien en catálogos o por televisión?

1. En la página 131, estudia los regalos de Navidad que aparecieron en la revista *Vanidades de México* y escoge un regalo que tú podrías «vender».  Prepárate para explicar las cualidades de tu mercancía.  ¡Trata de venderla a tus compañeros!

2. Luego, escucha la propaganda de tus compañeros y escoge un regalo para alguien. Apunta el nombre y el número de teléfono del «vendedor» o «vendedora».

   Nombre: _____

   Número de teléfono: _____

   Luego, en casa, llama al (a la) vendedor(a) para pedirle tu regalo; dile todo lo que necesite saber.

3. Cuéntale a la clase qué personas pidieron tu mercancía.

   a. Mis «clientes»: _____

   _____

   _____

   _____

   b. ¿Quién es el (la) mejor vendedor(a) de la clase? _____

   _____

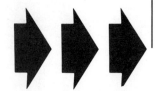

# TELE MERCADEO

## La forma fácil y rápida de comprar productos exclusivos desde

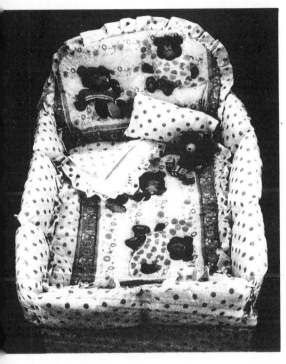

**Juego de cuna Ositos.** Fino juego compuesto por colcho- neta, dos sábanas, protector de barandal, capuchón para cabecera y almohadita. Elaborados en algodón estampado, Colores pastel. Lavable en casa. **No. 30.** Precio: $329,000.00.

**Baquetas electrónicas** Olvídese de los rui- dosos y estorbosos apa- ratos que les gustan a los jóvenes con es- te exclusivo juego de baquetas electróni- cas que al movimien- to, emiten el sonido de una batería musi- cal completa con ba- jo, tambores y plati- llos. Consta de una ca- ja de control con bo- cina para amplificar el sonido, control de volumen, entrada auxiliar para walk- man o estéreo, asa pa- ra fijarse al cinturón y audífonos. Funcio- na con cuatro pilas AA (No incluídas). **No. 10** Precio: $399,000.00.

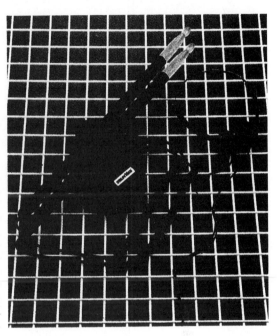

**Cafetera Tres en Uno.** Para preparar un exquisito café americano, expreso o capuchino, haga suya esta prác- tica y novedosa cafetera eléctrica, para el hogar u ofi- cina. Color Blanco. Incluye dos útiles jarras de vidrio. Producto de importación. Garantía de un año. **No. 38.** Precio: $700,000.00.

Llame ahora mismo a Tele Mercadeo al telé- fono **207-35-31**, solicite los productos que haya elegido, proporcionando el número de producto y precio. Usted paga con tarjetas de crédito, efectivo y cheques. *estafeta* llevará su pedido hasta su casa u oficina.

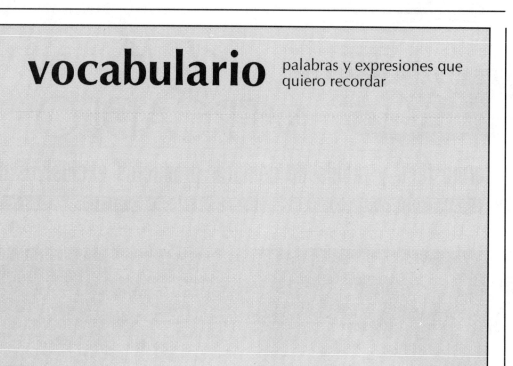

# vocabulario

palabras y expresiones que
quiero recordar

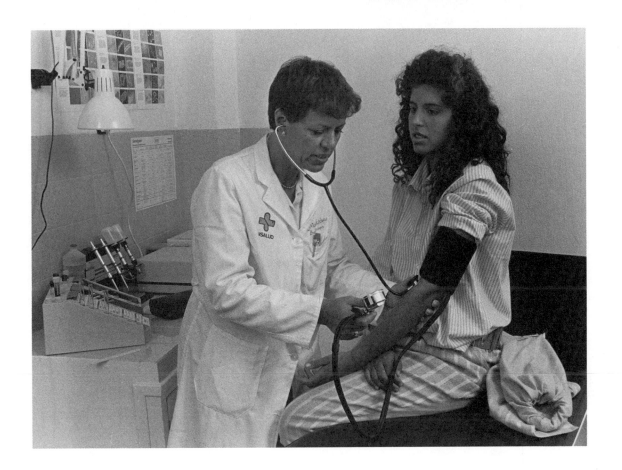

# 8

## GIVING AND RECEIVING ADVICE

# «¿Qué hago?»

### DECISIONES DE LA VIDA DIARIA

## INTRODUCCION

**A. ¿Piensan lo mismo?** ¿En qué están en desacuerdo Carlitos y su perro? ¿Sobre qué cosas tomamos decisiones todos los días?

**B. Los consejos.** A veces estamos indecisos, no sabemos qué hacer. Puede tratarse de algo importante, como por ejemplo, a qué universidad vamos a ir, o puede ser una cosa sin mucha trascendencia, como nuestro programa para el fin de semana. A veces, pedimos consejo, otras veces, no. Con frecuencia, también, damos consejos a los demás, aunque no nos los pidan. Contesta las siguientes preguntas personales.

1. Antes cuando eras niño,…
   a. ¿a quiénes pedías más consejos?
   b. ¿sobre qué cosas pedías más consejos?
   c. ¿a quiénes dabas más consejos?
   ch. ¿sobre qué cosas dabas más consejos?
   d. ¿seguían tus consejos?
2. Actualmente,…
   a. ¿a quiénes pides más consejos?
   b. ¿sobre qué cosas pides más consejos?
   c. ¿a quiénes das más consejos?
   ch. ¿sobre qué cosas das más consejos?
   d. ¿siguen tus consejos?

# ESCUCHAR Y PRACTICAR

## CONVERSACION 1: EL MEDICO Y EL PACIENTE

ANTES DE ESCUCHAR

**C.  Consejos médicos.**   Piensa en las relaciones entre el (la) médico(a) y sus pacientes.  Los pacientes consultan al (a la) médico(a) porque quieren saber cómo están.  Le preguntan sobre su salud y le piden consejos para mantenerse sanos.  Por su parte, el (la) médico(a) está obligado(a) a decirles como están y a darles consejos.  Lo que no es seguro es lo que hacen los pacientes después de oír el diagnóstico y las recomendaciones del (de la) médico(a).  ¿Siguen sus recomendaciones o no?  ¿Qué creen tú y tus compañeros?

1.  ¿Para qué consultan los pacientes a un(a) médico(a)?
2.  ¿Qué recomendaciones puede darles un(a) médico(a)?
3.  ¿Qué hacen los pacientes durante la consulta?
4.  ¿Qué le dicen al (a la) médico(a)?
5.  ¿Qué preguntas le hacen?
6.  ¿Cómo están al salir del consultorio del (de la) médico(a)?
7.  ¿Qué hacen como resultado de la consulta?
8.  ??? (¿Qué más te parece importante cuando un(a) paciente le consulta a un(a) médico(a)?)

**CH.  Mi rutina diaria.**   Antes de escuchar la conversación entre el médico y el paciente, piensa en lo que comes y en lo que haces cada día.
     ¿Qué crees?  ¿Qué te diría un(a) médico(a) si supiera lo que comes y lo que haces?

Lo que como: _____

_____

_____

Lo que hago: _____

_____

_____

Expresiones útiles para describir los síntomas

| | |
|---|---|
| **Me duele la cabeza.** | My head hurts. |
| **Tengo fiebre.** | I have a fever. |
| **Estoy resfriado(a).** | I am congested. |
| **Estoy cansado(a) siempre.** | I am always tired. |
| **No puedo dormir.** | I can't sleep. |
| **Nunca tengo hambre.** | I am never hungry. |
| **Tengo dolor de estómago.** | I have a stomach ache. |
| **Siempre tengo sed.** | I am always thirsty. |
| **Me desmayé.** | I fainted. |
| **Tengo anemia.** | I am anemic. |
| **Padezco de alergia.** | I suffer from an allergy. |
| **Me tomó la presión/tensión.** | He (She) took my blood pressure. |
| **Va a dar a luz en septiembre.** | She's going to have a baby in September. |
| **¡Ay! ¡Qué dolor!** | Oh! How it hurts! |
| **Saque la lengua.** | Stick out your tongue. |
| **Me pone el termómetro.** | He (She) puts in the thermometer. |
| **Tiene una pierna rota.** | He (She) has a broken leg. |
| **¿Cuáles son las horas de visita?** | What are visiting hours? |
| **Llene su hoja clínica.** | Fill out your medical history. |
| **¿Ha tenido usted sarampión?** | Have you had the measles? |
| **¿Le han operado de las amígdalas?** | Have they taken out your tonsils? |
| **¿Está usted vacunado(a) contra la viruela?** | Have you been vaccinated against smallpox? |
| **¿Es usted alérgico(a) a la penicilina?** | Are you allergic to penicillin? |
| **¿Qué es lo que siente?** | Describe your symptoms. |
| **Es necesario tomarle una radiografía.** | X-rays are necessary. |
| **Me pone una inyección.** | He (She) gives me a shot. |
| **Hay que hacer un análisis de sangre.** | They have to do a blood test. |
| **Lleve usted esta receta a la farmacia.** | Take this prescription to the drugstore. |

Expresiones útiles para hablar de las enfermedades

| | |
|---|---|
| **alcohólico(a)** | alcoholic |
| **alta tensión arterial** | high blood pressure |
| **arteriosclerosis (colesterol)** | arteriosclerosis (cholesterol) |
| **cáncer** | cancer |
| **diabetes** | diabetes |
| **depresión** | depression |
| **drogadicto(a) (toxicómano[a], narcómano[a])** | drug addict |
| **enfermedad de corazón** | heart disease |
| **enfermedad mental** | mental illness |
| **el SIDA** | AIDS |
| **tensión nerviosa** | stress |
| **toxicomanía (drug addiction)** | drug addiction |

**D. El pronóstico médico.** Ahora, escucha la primera conversación entre el doctor Méndez y un paciente que vuelve para saber el resultado de un análisis que se hizo la semana anterior. El médico cree que es algo bastante serio y le hace varias recomendaciones.

1. Según el análisis y el examen médico, ¿qué tipo de paciente es? _____

2. ¿Qué le sugiere el médico?

   a. cambiar _____

   b. dejar _____

   c. hacer _____

   ch. dejar a un lado _____

   d. debe hacer _____

   e. Por ejemplo, _____

   f. practicar _____

   g. ¿Qué opina de _____

   h. ¿Por qué no se dedica a _____

3. ¿Qué piensa el paciente de las recomendaciones? ¿Qué dice que nos revela sus sentimientos?

   a. _____

   b. _____

   c. _____

   ch. _____

   d. _____

**E. Por mi parte…** Compara esta conversación con las que has tenido tú con un(a) médico(a).

1. ¿En qué aspectos es semejante?
2. ¿En qué aspectos es distinta?

**F. ¿Qué opinas tú?**

1. ¿Cómo es el médico? _____

2. ¿Cómo es el paciente? _____

3. ¿Qué debe hacer el médico? _____

4. ¿Qué debe hacer el paciente? _____

**G. ¿Qué más pasó?** Ahora, contesta las siguientes preguntas sobre detalles más específicos de la conversación.

1. ¿Cómo es la noticia que le tiene el doctor?

   _____

2. ¿Cómo se puso el paciente al oír la noticia?

   _____

3. ¿Cómo era el paciente cuando era joven?

   _____

4. ¿Qué cosa no utiliza él desde hace mucho tiempo?

_____

5. Según el médico, ¿cómo es el paciente?

_____

6. ¿Por qué le dice el médico al paciente que puede dedicarse a perseguir muchachas?

_____

H.  ¿Cómo se diría en inglés…?   Escucha la conversación otra vez, prestando atención a las siguientes palabras y frases, y explica lo que se diría en inglés en el mismo contexto.  **¿Cómo me le va?; No me diga; Primero; Ay, doctor, mire; ¿verdad?; de todas maneras; ¡Qué barbaridad!**

_____

_____

_____

DESPUES DE ESCUCHAR

Expresiones útiles para dar consejos

| | |
|---|---|
| **Te digo que sí (no).** | I'm telling you yes (no). |
| **Es probable que sí (no).** | Probably yes (not). |
| **Es posible que mañana.** | Possibly tomorrow. |
| **Te aconsejo que… .** | I advise you to . . . . |
| **Es mejor… .** | It's better to . . . . |
| **Te sugiero que… .** | I suggest you . . . . |
| **Opino que (no) es… .** | I believe it's (not) . . . . |
| **(No) Creo que sí.** | I (don't) think so. |
| **Te recomiendo que… .** | I recommend that you . . . . |
| **¿Por qué no… ?** | Why don't you . . . ? |
| **Trata de… .** | Try to . . . . |
| **¿Has pensado en… ?** | Have you thought about . . . ? |
| **Quiero que… .** | I want . . . . |
| **Tienes que… .** | You have to . . . . |
| **La otra sugerencia es… .** | The other suggestion is . . . . |
| **Puedes… .** | You can . . . . |
| **¿Por qué no… ?** | Why don't you . . . ? |
| **Me parece que… .** | I think . . . . |

Expresiones útiles para expresar lo que uno(a) piensa de los consejos

| | |
|---|---|
| **No sé qué hacer (lo que voy a hacer).** | I don't know what to do (what I'm going to do). |
| **A mi parecer, no hay más remedio.** | In my opinion, there is no choice. |
| **Si fuera tú, seguiría sus recomendaciones.** | If I were you, I would follow his (her) recommendations. |
| **Es importante (preciso, necesario) que hagas lo que te dice.** | It's important (necessary) to do what he (she) tells you. |
| **Está bien que… .** | It's good that . . . . |
| **Está claro que… .** | It's clear that . . . . |
| **Es dudoso que… .** | It's doubtful that . . . . |

Expresiones útiles para responder a los consejos

| | |
|---|---|
| **Está bien, pero será difícil.** | That's O.K., but it will be difficult. |
| **¿Crees que... ?** | Do you think . . . ? |
| **¿De veras?** | Really? |
| **¿De verdad?** | Really? |
| **Ah, no puedo.** | Oh, I can't. |
| **Ah, no quiero... .** | Oh, I don't want . . . . |
| **Porque no me gusta... .** | Because I don't like to . . . . |
| **Estoy preocupado(a).** | I'm worried. |
| **No había pensado en eso.** | I had not thought about that. |
| **Te agradezco los consejos.** | I appreciate your advice. |
| **(No) Lo haré.** | I will (not) do it. |

**I.** El (La) paciente y el (la) médico(a).   Con un(a) compañero(a) de clase, hagan el papel de un(a) paciente y el de un(a) médico(a).

1. El papel del (de la) médico(a)
   a.   ¿Cómo es el (la) médico(a)? ¿simpático(a)? ¿antipático(a)? ¿paciente? ¿impaciente?
   b.   ¿Cómo saluda a los pacientes?
   c.   ¿Cómo los trata?
   ch.  Prepara una lista de preguntas para averiguar qué problema(s) tiene el (la) paciente.
   d.   Prepara una lista de recomendaciones.

2. El papel del (de la) paciente
   a.   ¿Cómo eres tú?  ¿Qué tipo de persona eres?
   b.   ¿Estás dispuesto(a) a seguir las recomendaciones del (de la) médico(a)?

3. Prepara una descripción de tu problema o enfermedad.

4. Piensa en las preguntas más comunes que un(a) médico(a) le hace a un(a) paciente. También, piensa en una enfermedad (imaginaria, claro) y en algunas expresiones para describirla.  Luego, en grupos de dos, hagan el papel de médico(a) y de paciente.  Los dos deben alternarse en los dos papeles.  Fíjense en las recomendaciones del (de la) médico(a) y en la actitud del (de la) paciente al oírlas.

5. Haz el papel de médico(a) y explica a los otros estudiantes
   a.  el problema del (de la) paciente
   b.  tus recomendaciones para su mejoría.

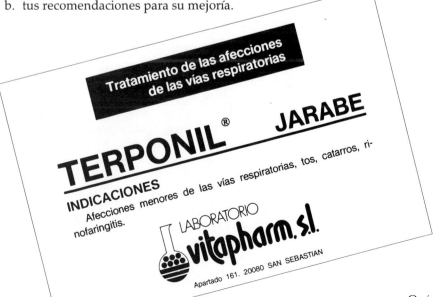

## CONVERSACION 2: LOS CURSOS

ANTES DE ESCUCHAR

Expresiones útiles para hablar en la sala de clase

| | |
|---|---|
| ¿Me falta otro curso? | Do I need another course? |
| ¿Qué me recomiendas? | What do you recommend for me? |
| ¿Cómo es ese curso? | What is that course like? |
| ¿Es difícil (fácil, interesante, aburrido, pesado, divertido)? | Is it difficult (easy, interesting, boring, a drag, fun)? |
| ¿En qué te especializas? | What are you majoring in? |
| ¿Hay que aplicarse en filosofía? | Do you have to work hard in philosophy? |
| ¿Qué debo estudiar (recordar)? | What should I study (remember)? |
| ¿Cómo debo estudiar? | How should I study? |
| ¿No sería mejor tomar ese curso el año que viene? | Wouldn't it be better to take that course next year? |
| ¿Crees que debo hacer la tarea? | Do you think I should do the homework? |
| ¿Tengo que estudiar los apuntes? | Do I need to study the notes? |
| ¿Es posible cambiarlo por (sustituir) otro curso? | Is it possible to substitute another course? |
| ¿Se nos permite que cambiemos de parecer? | Is it possible to change one's mind? |
| ¿Tengo que tomarlo obligatoriamente? | Is it a requirement? |
| Es mejor que no faltes a clase. | It is better not to miss class. |
| Te recomiendo que prestes atención durante la conferencia. | I advise you to pay attention during the lecture. |
| Está bien si quieres tomar apuntes. | It's O.K. if you want to take notes. |
| A mi parecer es importante leer con cuidado el libro. | It seems to me important to read the book carefully. |
| Sí (No), (no) creo que debes tomar el examen. | Yes (No), I (don't) think you should take the exam. |
| Claro que sí. | Of course. |
| Creo que sí (no). | I believe so (not). |
| Claro, ¿cómo no? | Of course, why not? |
| la sala de conferencias | lecture hall |
| el aula de clase | classroom |
| el libro de texto | textbook |
| el cuaderno | notebook |
| la nota | grade |
| el informe | paper, report |
| hacer una investigación | to do a research project |
| el trabajo de investigación | research paper |
| el catálogo de fichas | card catalog |
| la cuenta de matrícula | tuition |
| el cuadro (tablero) de anuncios | bulletin board |

**J. ¿Qué cursos vas a tomar?**   En la universidad hay cientos, aun miles, de cursos. Los hay de todo tipo: los que tienen muchos estudiantes y los que tienen pocos, los fáciles y los difíciles, los interesantes y los que no lo son. Los cursos son diferentes, pero los estudiantes son distintos también. Hay cursos que les interesan a todos. Piensen ustedes en todas las preguntas que tienen que ver con los cursos y escríbanlas en la pizarra. Las siguientes preguntas les servirán de guía.

1. ¿Qué quieres saber sobre un curso antes de tomarlo?
2. ¿Qué te gustaría saber del (de la) profesor(a) antes de matricularse en la clase?
3. ¿A quiénes les haces preguntas sobre los cursos?
4. ¿Qué clase de informes te da cada persona? (por ejemplo: consejeros, profesores, amigos, padres, otros estudiantes)
5. Antes de escoger un curso, ¿qué aspectos del mismo tienes en cuenta?
6. ???

**L. Quisiera saber...**   Eres un(a) estudiante recién llegado(a) a la universidad. Sabes que hay ciertos requisitos para poder graduarse, pero sabes muy poco sobre los cursos en particular. ¿Qué preguntas les harás a los consejeros y a los otros estudiantes para obtener los informes que necesitas?

## ESCUCHAR

**LL. ¿Qué quiere saber?**   Escucha la segunda conversación en la que un estudiante le pide a una amiga datos sobre los cursos de la universidad.

1. ¿Qué quiere saber él sobre los cursos?

   a. _____

   b. _____

   c. _____

   ch. _____

2. ¿Qué datos le da ella sobre los cursos?

   a. _____

   b. _____

   c. _____

   ch. _____

3. ¿Qué quiere saber él sobre los profesores?

   _____

4. ¿Qué le aconseja ella con respecto a los profesores?

   _____

5. ¿Qué quiere saber él sobre los exámenes?

   _____

6. ¿Qué preguntas le hace a su amiga sobre los cursos que ha tomado ella?

   a. _____

   b. _____

**M. ¿Qué opinas?**   ¿Qué piensas de este estudiante? ¿Qué clase de estudiante es? ¿Es un estudiante típico?

**N. Más detalles.**   Escucha la conversación otra vez y contesta estas preguntas.

1. ¿Por qué le pide a su amiga que le recomiende un curso?

_____

2. Según ella, ¿cómo son los cursos de psicología?

_____

3. ¿Cómo describe su amiga a los profesores de psicología?  (Una palabra que utiliza es **rareces.** Esta palabra es semejante a una palabra inglesa.  ¿Qué crees que quiere decir en este contexto?)

_____

_____

**Ñ. ¿Cómo se diría en inglés… ?**   Escucha la conversación una vez más, prestando atención a la función de las siguientes palabras: **Oye; Pues; Mira; Pero; Bueno; O sea, que; y Ya.**  ¿Cuáles son las expresiones equivalentes en inglés?

_____

_____

## DESPUES DE ESCUCHAR

Expresiones útiles para pedir consejos

| | |
|---|---|
| **¿Qué debo hacer?** | What should I do? |
| **¿Qué me sugieres?** | What do you suggest? |
| **¿Qué me aconsejas (recomiendas)?** | What do you advise (recommend)? |
| **¿Qué te parece?** | What do you think? |
| **¿Qué opinas (crees) tú?** | What do you think? |
| **¿Qué harías tú?** | What would you do? |
| **No sé qué voy a hacer.** | I don't know what I'm going to do. |

**O. ¿Qué cursos tomas este semestre?**

1. Prepara una lista de preguntas para entrevistar a un(a) compañero(a) de clase para averiguar lo siguiente:

   a. sus cursos, b. sus razones para escogerlos, c. si está contento(a) con ellos.

2. Entrevista a un(a) compañero(a) de clase sobre los cursos que toma este semestre, empleando las preguntas que has preparado.

3. Descríbeles a los otros estudiantes tu plan de cursos, tus razones para tomar los cursos y tu satisfacción (o falta de) con ellos, y pídeles consejos para el futuro.

## CONVERSACION 3: EL EJERCICIO

## ANTES DE ESCUCHAR

**P. ¿Haces ejercicios?**   Muchas personas practican algún deporte, trotan, o hacen ejercicios para mantenerse en forma.  Otras creen que vale la pena hacer ejercicios, pero no tienen tiempo ni deseo de hacerlos.  También existen los poltrones, **las patatas de sofá**, que ni siquiera quieren pensar en el ejercicio.  ¿A cuál de los tres grupos pertenecen tú y tus compañeros?

1. Hablen de las razones para hacer ejercicios.
2. Comenten las razones para no hacer ejercicios.
3. Preparen un régimen de ejercicios para diferentes personas:
    a. un(a) estudiante de la escuela secundaria
    b. un(a) estudiante universitario(a)
    c. un(a) profesor(a)
    ch. un(a) amo(a) de casa
    d. una persona de setenta años
4. Hablen de los beneficios y de los peligros de hacer ejercicios y de no hacerlos.
5. ???

Q.  Debo comenzar a trotar.   Supongamos que tienes un(a) amigo(a) que se mantiene en forma y siempre guarda la línea.  A ti te gustaría hacer lo mismo.  Haz una lista de las preguntas que le harías para averiguar «su secreto».

1. _____

2. _____

3. _____

4. _____

5. _____

ESCUCHAR

R.  ¿Qué consejos le da?   Escucha la tercera conversación en la que un joven quiere empezar a correr, como forma de ejercicio, y le pide consejos a un amigo.

1. ¿Qué quiere saber?

    a. _____

    b. _____

    c. _____

    ch. _____

2. ¿Qué consejos le da su amigo?

    a. _____

    b. _____

    c. _____

    ch. _____

    d. _____

RR.  ¿Qué crees?   ¿Qué opinas tú después de haber escuchado esta conversación?

1. ¿Crees que trotar es buen ejercicio?
2. ¿Crees que te gustaría comenzar a trotar?

S.  ¿Y qué más?   Escucha la conversación otra vez y contesta estas preguntas.

1. ¿Cómo se puede evitar el cansancio al principio?

    _____

2. ¿Por qué son tan importantes los zapatos?

    _____

**T. ¿Qué quiere decir... ?**   Ahora, escucha la conversación una vez más para aclarar el significado de las siguientes palabras y frases.

1. Yo llevo cinco años trotando. _____

2. Corro tres kilómetros diarios mínimos. _____
_____

3. Te sientes mal.... _____

4. ... sudaderas... _____

5. ... camiseta... _____

6. ... vestuario para correr... _____

7. Te va a quedar molido el cuerpo. _____
_____

## DESPUES DE ESCUCHAR

Expresiones útiles para dar y responder a consejos sobre los deportes

| | |
|---|---|
| **Hazlo.** | Do it. |
| **Es fácil.** | It's easy. |
| **Es difícil.** | It's difficult. |
| **Hay que practicar mucho.** | You have to practice a lot. |
| **Debes comprarte otros zapatos.** | You should buy yourself other shoes. |
| **Eso no me gusta.** | I don't like that. |
| **Lo siento, pero no sé nada de fútbol.** | I'm sorry, but I don't know anything about soccer. |
| **¿Estás seguro?** | Are you sure? |
| **No me digas.** | You don't say. |
| **Ay, no tengo mucho tiempo.** | Oh, I don't have much time. |
| **Cuesta mucho jugar al golf, ¿no?** | It costs a lot to play golf, doesn't it? |
| **¿Por qué no le preguntas al (a la) entrenador(a)?** | Why don't you ask the coach? |

**U.** Consejos sobre los deportes y los ejercicios.

1. Piensa en un deporte o ejercicio del que te gustaría saber más. También, piensa en los consejos que te ayudarían al comenzar a practicarlo y prepara por lo menos cinco preguntas para un(a) compañero(a) sobre este deporte o ejercicio.
2. Apunta en la pizarra el deporte o el ejercicio escogido por cada estudiante.
3. Escribe los nombres de los estudiantes que saben algo de este deporte o ejercicio.
4. Divídanse en dos grupos: uno para pedir consejos, y otro para dárselos. Después, todos pueden hacer el otro papel.
5. En orden alfabético de temas, los que quieren consejos deben pedírselos a los que practican el deporte o hacen el ejercicio.
6. Al final, cada uno debe explicarles a los demás por qué va o no va a comenzar a practicar el deporte o a hacer el ejercicio.

## SITUACIONES

**V. Lo que tienes que hacer es…** Formen grupos de cuatro estudiantes y preparen una lista de consejos, por lo menos diez, para alcanzar algún propósito. Cada grupo debe escoger un tema diferente. Algunos temas podrían ser los siguientes.

1. para tener muchos amigos
2. para sacar buenas notas
3. para ser rico(a)
4. para tener éxito en la carrera
5. para conservarse bien de salud
6. para ser feliz
7. para evitar la tensión nerviosa
8. para protegerse de los ladrones
9. para llevarse bien con los conocidos

Antes de incluir algún consejo en la lista, todos tienen que estar de acuerdo en que el tema es importante.

_____

_____

_____

_____

_____

_____

_____

_____

_____

_____

_____

Después, presenten su lista a la clase. Sus compañeros les dirán si están de acuerdo o no. Si no están de acuerdo, deben ofrecerles otro consejo.

**X. Temas.** Con dos compañeros, hablen de uno de los siguientes temas y denle consejos a la persona descrita.

1. **las causas de la tensión en la vida contemporánea**
   Parece que sufrimos de dolores de cabeza, tensión, alta presión arterial, preocupaciones graves, etc. Una persona que conoces sufre de todos estos males.
   a. ¿Por qué sufre de ellos?
   b. ¿Qué debe hacer la persona para evitarlos?

2. **el descontento entre los estudiantes**
   Nos dicen que los estudiantes no se interesan por los estudios, que muchos usan drogas, que beben demasiado alcohol, que aumenta más y más el número de suicidios entre los jóvenes. Supongamos que conoces a un(a) estudiante universitario(a) que toma cada vez más alcohol, se droga y no estudia nunca.
   a. ¿Cómo se puede explicar el descontento de este(a) estudiante?
   b. ¿Qué le recomiendas que haga para no perderse?

3. **otro tema de actualidad que les parezca importante.**

8

**Y. Consejos académicos.** Divídanse en grupos de tres estudiantes. El (La) profesor(a) les dará a dos estudiantes una tarjeta con la descripción del papel que deben representar. El (La) tercero(a) escuchará, escribirá lo que dicen los otros dos y con la ayuda de los otros miembros del grupo presentará a la clase un resumen del contenido de la conversación.

resumen: _____

_____

_____

_____

_____

_____

**Z. Una escena.** Tres amigos(as) están en el cuarto de uno de ellos. Hablan de lo que van a hacer el viernes por la noche. a) Uno(a) quiere ir al cine. Les dice las películas que dan y trata de convencer a sus amigos(as) de que vayan a ver alguna. b) Otro(a), que tiene poco dinero, quiere alquilar un vídeo para mirarlo en casa; les habla de los vídeos más populares y les pide que escojan uno. c) El (La) último(a), que no tiene dinero, está a favor de mirar la televisión, y les habla de la programación que hay para ese día.

**vídeo diversión**

Siéntate cómodo y mira. Cine en casa, para todos los públicos: Largometrajes, Musicales, Infantiles, Tiempo Libre y Cine Español. 72 títulos. Para ti, para siempre.

- COTTON CLUB
- ERASE UNA VEZ EN AMERICA
- VESTIDA PARA MATAR
- MONDO CANE
- POPEYE I y II
- DON GATO II
- MAX'S BAR
- EL AMO DEL MUNDO
- VENENO
- MUNDO FUTURO
- AQUI ESTA EL OSO YOGUI
- BALARRASA
- BUSQUEME A ESA CHICA
- MI NUEVO CAMPEON
- LOS DIMINUTOS
- CONCIERTO
- DEL VOLCAN COLOMBIANO
- CONCIERTO DE CUMPLEAÑOS

**DONDE SUEÑAN LAS VERDES HORMIGAS**

**TVE-2**     **21.25**

*Wo die grunen ameisen traumen),* 1984 (96 minutos). Dirección y guión: Werner Herzog. Intérpretes: Bruce Spence, Wandjuk Marika.

Una gran extensión de tierra desolada en algún lugar de Australia es habitada por dos tribus de aborígenes, que todavía preservan sus costumbres y leyes ancestrales. El conflicto estalla cuando una compañía de extracción de uranio quiere explotar las tierras sagradas de los aborígenes.

**COCODRILO DUNDEE**

**ETB-1**     **21.35**

1986 (98 minutos)). Director: Peter Faiman. Intérpretes: Paul Hogan, Linda Kozlowski, Mark Blum.

Las aventuras de un australiano, cazador de cocodrilos, en Nueva York.

**EL CARDENAL**

**Canal Sur**     **22.00**

*The cardinal,* 1963 (176 minutos). Director: Otto Preminger. Intérpretes: Tom Tryon, Carol Linley, Romy Schneider, Raf Vallone, John Huston.

La vida de un sacerdote que, después de muchas vicisitudes y dudas sobre su vocación, llega al cardena-

**EL EXTRAÑO CASO DEL DOCTOR JECKYLL**

**Telemadrid**     **22.15**

*Doctor Jekyll and Mr. Hyde,* 1941 (111 minutos). Director: Victor Fleming. Intérpretes: Spencer Tracy, Ingrid Bergman, Lana Turner.

El filme más espectacular sobre la transformación del doctor Jekyll.

**LA HIJA DE RYAN**

**TVE-1**     **22.20**

*Ryan's daughter,* 1970 (187 minutos). Director: David Lean. Intérpretes: Sarah Miles, Robert Mitchum, Trevor Howard, John Mills.

En un pueblecito irlandés en plena I Guerra Mundial, vive Rosa, la hija de Thomas Ryan, el tabernero; es una joven romántica, preocupaciones d

Margarita López

# LAS SALAS

**ALUCHE.** Maqueda, 30 (Campamento). Metro Campamento. Tel. 218 56 28. 400 ptas. Miércoles no festivos, día del espectador, 300 ptas.
SALA 1. (Aforo: 250.)
**Tango y Cash** (hasta jueves 29).
**Viernes 30,** estreno (horario sin confirmar):
**Valmont.**
SALA 2. (Aforo: 250.)
**Aquí huele a muerto** (Tol.) (16,35, 19,20 y 22,20 h.).
SALA 3. (Aforo: 350.)
**La guerra de los Rose** (13) (16,30, 19,15 y 22,15 h.).
SALA 4. (Aforo: 350.)
**La guerra de los Rose** (13) (16,30, 19,15 y 22,15 h.).

**ARLEQUIN.** (Aforo: 393.) San Bernardo, Metro Santo Domingo. Tel. 247 31 73. Pases: 19,15 y 22 h. 500 ptas.
**El club de los poetas muertos.**

**BOGART.** (Aforo: 400.) Cedaceros, 7 (Centro Sevilla. Tel. 429 80 42. Pases: 16, 20,35 y 22,45 h. 500 ptas. Lunes, día del es...
**Trilogía de Nueva York.** V. O. subtitulada (... ves 29).

**CALLAO.** (Aforo: 1.147.) Plaza Callao, 3 (Centro Callao. Tel. 522 58 01. Pases: 16, 19 y... ptas.
**Nacido el 4 de julio.**

# su horóscopo para hoy

**ARIES** (Marzo 21 a abril 19.)—Un día prometedor para aventuras románticas. Procure cooperar más con sus asociados, no sea tan tímido. Sus viajes tropezarán con pequeños contratiempos.

**TAURO** (Abril 20 a mayo 20.)—Haga todo lo que sus padres desean, sea más sensato. Ponga todos sus asuntos en mejores condiciones. Usted encontrará mejor manera para coordinar sus ideas.

**GEMINIS** (Mayo 21 a junio 21.)—Traiga su mejor talento a la atención de personas de altos cargos, le conviene. Demuestre más consideración a personas mayores de familia y demuéstreles su afecto.

**CANCER** (Junio 22 a julio 21.)—Procure complacer más a su familia, haga una reunión social en su casa en la noche y demostrará que es una buena anfitriona. Sea más complaciente.

**LEO** (Julio 22 a agosto 21.)—Usted tiene magníficas ideas y debía ponerlas en marcha cuanto antes. Hágase de un presupuesto que sea más razonable. La noche es ideal para hacer vida social.

**VIRGO** (Agosto 22 a septiembre 22.)—Consulte con un experto sobre asuntos de finanzas y también de tipo personal. Una de sus amistades le ayudará en algo muy importante. Exprese sus ideas a su novia.

**LIBRA** (Septiembre 23 a octubre 22.)—El día es excelente para visitar al médico y hacerse un chequeo general de su salud. Nunca deje que sus problemas familiares interfieran con su trabajo, evitará tensiones.

**ESCORPION** (Octubre 23 a noviembre 21.)—Ultimamente está gastando demasiado dinero, así es que haga planes para economizar. Visite ciertos amigos que se encuentran deprimidos, así les alegrará y se sentirán mejor.

**SAGITARIO** (Noviembre 22 a diciembre 21.)—Póngase en contacto con alguien que usted desea ver más en el futuro. Recuerde cierto favor que su compañera le ha pedido y procure cumplirlo cuanto antes.

**CAPRICORNIO** (Diciembre 22 a enero 20.)—Reúnase con un grupo que comparte sus mismos intereses y participe más en asuntos de su comunidad también. Tome algún tratamiento que le proporcione más vitalidad.

**ACUARIO** (Enero 21 a febrero 19.)—La comunicación con otros le será más fácil ahora, ya que Mercurio se encuentra en su casa. Si se presentara algún dilema en su trabajo resuélvalo con mucho tacto y paciencia.

**PISCIS** (Febrero 21 a marzo 19.)—El día hoy es excelente para manejar sus asuntos prácticos y de finanzas. Procure pagar sus deudas a tiempo. Mucho cuidado si debe conducir hoy, evitará accidentes.

**AA.** El horóscopo.   Primero, busca un(a) compañero(a) de clase que sea del mismo signo del zodíaco que tú.  Después de encontrar a uno(a), lean ustedes los consejos para tu signo en el horóscopo de arriba y escriban otros consejos para alguien que sea del mismo signo.

Después de terminar estos horóscopos personales, busca otro(a) compañero(a) que sea del mismo signo del zodíaco que tú.  Dile su horóscopo según el horóscopo que ustedes escribieron en el primer grupo y pídele lo que dice el tuyo que tiene él (ella).

## FUERA DE CLASE

**BB.**  Busca en un periódico de habla española una carta que pida consejos y trae una fotocopia a la clase.  Léela a tus compañeros y pídeles que preparen una respuesta (oral o escrita).  (Si no puedes encontrar cartas de periódico en español, escoge una de un periódico en inglés y contéstala en español.)

Después, comparen sus consejos con los del (de la) consejero(a) del periódico.

**CC.** Entrevista a alguien que haya viajado a otro país y pídele consejos para cuando se viaja al extranjero.

### Los preparativos

1. ¿Qué documentos se necesitan para entrar y salir?
2. ¿Qué ropa y otros artículos se debe llevar?
3. ¿Cómo se puede llegar al país? ¿Cuáles son las ventajas de cada medio de transporte?
4. ¿Qué se debe saber en cuanto al cambio de moneda?
5. ¿Qué se debe saber del país?
6. ¿Hay que hablar el idioma local?

### Ya en el país

7. ¿Cómo se viaja de una ciudad a otra?
8. ¿Cómo se va de un lugar a otro dentro de la ciudad?
9. ¿Qué recomienda para comer?
10. ¿Qué sugiere con respecto al alojamiento?
11. ¿Qué aconseja para llevarse bien con la gente?
12. ¿Qué hay que tener presente cuando se va de compras?
13. ¿Qué lugares se debe visitar en el país?
14. ¿Qué le molesta más a la gente de allí?

Prepara un resumen de las respuestas y preséntalo a la clase.

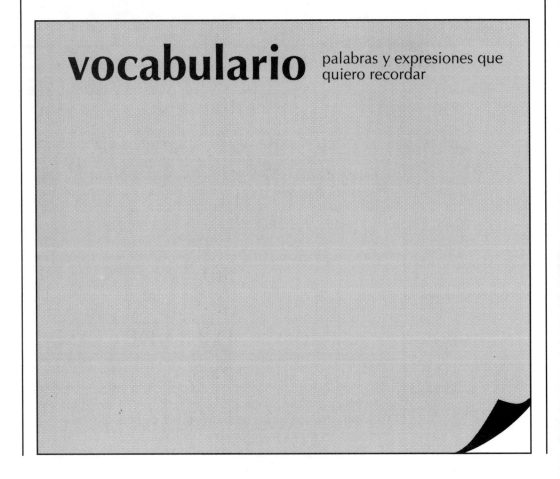

**vocabulario** palabras y expresiones que quiero recordar

# Capítulo 9

# EXPRESSING AND REACTING TO FEELINGS

# «¡Ánimo, amigo!»

## AMISTAD Y NOVIAZGO

## INTRODUCCION

Cada vez que pienso en ti,
mi corazón late aprisa,
mi pulso se acelera
y mi respiración se agita,
¿y sabes por qué?

¡PORQUE TE QUIERO!
¡TE QUIERO!

**A.** Cuando estás enamorado(a), te es difícil pensar en otra cosa que en el (la) dueño(a) de tu corazón, y al pensar en él (ella), sientes unas emociones muy extrañas y fuertes. ¿Cuáles son algunos de los síntomas del amor?

_____

_____

_____

Compara tu lista con la de otro(a) estudiante.

**B.** ¡Ay, me siento tan triste!   Los sentimientos son muy complicados y variados.  Nos enamoramos, nos enojamos, nos cansamos y nos ponemos alegres y tristes.  ¿Cómo te sientes en las siguientes situaciones y qué haces a consecuencia de ello?

Expresiones útiles para expresar sentimientos, emociones y estados físicos

| | |
|---|---|
| **Estoy agotado(a).** | I'm exhausted. |
| **agradecido(a).** | grateful. |
| **alegre.** | happy. |
| **cansado(a).** | tired. |
| **contento(a).** | contented, happy. |
| **enfermo(a).** | sick. |
| **enojado(a).** | angry. |
| **sorprendido(a).** | surprised. |
| **triste.** | sad. |
| **Tengo miedo.** | I'm afraid. |
| **hambre.** | hungry. |
| **sed.** | thirsty. |
| **frío.** | cold. |
| **calor.** | hot. |
| **ira.** | angry. |

1. Tienes un examen muy grande y difícil hoy.

   Me siento _____

   y voy a _____

2. Acabas de recibir una beca para estudiar en España durante el año próximo. Estoy

   _____

   y necesito _____ .

3. Tu mejor amigo(a) acaba de anunciarte que va a casarse pronto.

   ¡ _____ !

   Tengo que _____ .

4. Trabajaste diez horas al día durante toda la semana y no dormiste bien anoche.

   _____

   y tengo que _____

5. Tu tío te regaló un coche nuevo para tu cumpleaños. _____

   _____

   y voy a _____ .

6. Tus padres te dicen que tu primo de trece años se casó ayer. _____

   _____

   y pienso _____ .

7. Te duele la garganta terriblemente y apenas puedes respirar. _____

   _____

   y debo _____ .

8. Un coche ha atropellado a tu perrito, y el pobrecito está en el hospital veterinario.

   _____

   y voy a _____ .

# ESCUCHAR Y PRACTICAR

## CONVERSACION 1: LOS ULTIMOS CHISMES

<u>ANTES DE ESCUCHAR</u>

¡LA CHISMOLOGIA ES UNA CIENCIA APASIONANTE!

**C.** **¿Te gusta chismear?** Cuando dos amigos no se han visto durante mucho tiempo, les gusta hablar de la gente que conocen. ¿Qué sabes tú de tus compañeros de la escuela secundaria? ¿Cómo te sientes cuando oyes algo de tus antiguos compañeros? Conversa con otro(a) estudiante sobre este tema.

¿Cuántos amigos se han casado? ¿Cómo te hace sentir eso? ¿Qué trabajo hacen ahora? ¿Dónde viven actualmente? ¿Qué más les ha pasado desde que salieron de la escuela secundaria? ¿Todavía ves a algunos de ellos de vez en cuando? Si se juntan, ¿de qué conversan?

Apuntes: _____

_____

_____

_____

_____

_____

<u>ESCUCHAR</u>

**CH.** **Los chismes.** En la primera conversación, un joven cuenta a su amigo las últimas noticias sobre algunas personas que ambos conocen. Escucha la conversación dos veces y apunta los datos que faltan sobre los amigos.

1. **Pepe** se ganó la _____ , doce _____ de pesos.

2. **José** se _____ con _____ .

3. **El gerente** _____ .

**D. ¿Cierto o falso?**   Escucha la conversación otra vez y marca con **F** o **C** si la frase es falsa o cierta.

_____ 1. El joven dice que Pepe es muy inteligente.

_____ 2. Rosita es alta y tiene ojos castaños.

_____ 3. José ya ni fuma ni bebe.

_____ 4. El gerente estuvo en el hospital, donde tuvo una operación quirúrgica.

_____ 5. Estaba muy grave, pero ahora está mejor.

**E. Para expresar...**   Escucha una vez más la conversación e indica el propósito de las siguientes oraciones.

a. expresiones para comenzar un tema
b. expresiones de sentimientos
c. expresiones de sorpresa

_____ 1. Eduardo, ¿sabes la última noticia?

_____ 2. ¡Qué bárbaro!

_____ 3. ¿Y sabes que allí... ?

_____ 4. Adivina con quién.

_____ 5. ¿De veras?

_____ 6. ¡Qué bueno!

_____ 7. No me digas eso.

_____ 8. ¿De verdad?

_____ 9. ¡Pobre hombre!

Expresiones útiles para llamar la atención

| | |
|---|---|
| **Fíjate que se casó Emilio.** | Guess what, Emilio got married. |
| **Imagínate que Pedro dejó su trabajo.** | Just imagine, Pedro quit his job. |
| **No te puedes imaginar lo triste que estoy.** | You can't imagine how sad I am. |
| **¿Sabes una cosa?** | Do you know what? |
| **Te tengo una noticia muy interesante.** | I have some very interesting news for you. |
| **¿Sabes lo que pasó después?** | Do you know what happened afterward? |
| **¿Supiste que Rosa estuvo en el hospital?** | Did you find out that Rosa was in the hospital? |
| **Te voy a contar una cosa muy interesante.** | I'm going to tell you something very interesting. |

Expresiones útiles para expresar compasión

| | |
|---|---|
| **¡Pobre hombre/mujer!** | Poor man/woman! |
| **¡Pobrecito(a)!** | Poor thing! |
| **Siento mucho que haya estado enfermo(a).** | I'm very sorry he's (she's) (you've) been sick. |
| **Lo siento mucho.** | I'm very sorry. |
| **¡Qué mala suerte!** | What bad luck! |
| **¿Qué podemos hacer?** | What can we do? |
| **¡Qué lástima!** <br> **¡Qué pena!** | What a pity! |

Expresiones útiles para expresar sorpresa

| | |
|---|---|
| **¡Estupendo!** | Wonderful! |
| **¡Magnífico!** | Magnificent! |
| **¡Qué sorpresa!** | What a surprise! |
| **¡Eso es increíble!** | That's incredible! |
| **¡No me digas!** | You don't say! |
| **¡Qué suerte!** | What luck! |
| **¿De verdad/veras?** | Really? |
| **¡Imagínate!** | Imagine (that)! |
| **¡Qué bien!** | How nice! |

Expresiones útiles para expresar agrado

| | |
|---|---|
| **¡Qué bueno!** <br> **¡Qué bien!** | Great! |
| **¡Ay, qué felicidad!** | Hey, that really makes me happy! |
| **¡Cuánto me alegro!** | I'm so glad! |
| **¡Fantástico!** | Fantastic! |
| **¡Fenomenal!** | Cool! |
| **¡Qué dichoso(a)!** | Lucky person! |
| **Pues, me alegro mucho!** | Well, I'm really glad! |

**F. Diez años después.** Imagínate que han pasado diez años desde que estuviste en esta clase de español. En los últimos diez años, ¿qué han hecho tus compañeros de clase? Escoge a cinco estudiantes e inventa unos «chismes». Luego, cuéntaselos a la clase. Ellos van a reaccionar con sorpresa, compasión o con alguna otra emoción.

1. nombre: _____

   chisme: _____

2. nombre: _____

   chisme: _____

3. nombre: _____

   chisme: _____

4. nombre: _____

   chisme: _____

5. nombre: _____

   chisme: _____

**G.** Lo que pasa con los rumores.   Inventa algún rumor y díselo al oído a otro(a) estudiante, quien lo pasará a otro, y así sucesivamente, hasta que cinco personas hayan oído el rumor.  La quinta persona lo cuenta en voz alta.  A ver, ¿cuánto ha cambiado la frase original?

Rumor original: _____

Rumor que cuenta la última persona: _____

_____

## CONVERSACION 2: FELICIDAD, TRISTEZA, PREOCUPACION Y CONSOLACION

ANTES DE ESCUCHAR

**H.** ¡Qué emocionante!   ¿Qué emoción expresan estas personas?  Escoge la oración que corresponda a la persona de cada foto aquí y en la página 156.

1. _____  3. _____
2. _____  4. _____

A.  Lo siento, pero no puedo hacer nada.  Estoy muy cansada.
B.  ¡No me digas!  ¡Cuánto me alegro!
C.  ¡Qué tristeza!  ¡No sé qué voy a hacer!
D.  ¡Ay!  Tengo tanto miedo de lo que me van a decir.

I.  **Emociones y reacciones.**  ¿Qué dicen tú y tus amigos en las siguientes situaciones?

> ejemplo:
> Vas a ir de excursión con una amiga.
> Tú: ¡Qué bueno es **no tener clases hoy!**
> Tu amiga: ¡Qué bien que **tú puedas acompañarme!**

1. Quieres que tu compañero(a) no se ofenda porque no puedes salir con él (ella) esta noche.

   Tú: Siento mucho _____ .

   El (Ella): Ojalá que _____ .

2. No quieres que tu amiga(o) se preocupe tanto por las notas.

   Tú: No importa _____ .

   Ella (El): Sí, importa que _____ .

3. Acabas de oír que Juana ha ganado una beca para seguir sus estudios de post-
   grado.

   Tú: Me alegro de que _____ .

   Ella: Me alegro de _____ .

4. La comida de la cafetería no les gusta ni a ti ni a tus amigos.

   Tú: Es terrible _____ .

   Ellos: Es increíble que _____ .

5. Carlos le dice a Carmen que quiere ser profesor.

   Carmen: Me sorprende que _____ .

   Carlos: Es bueno _____ .

6. Pablo ya no sale con Juana porque se enfadó con ella.

   Tú: Es malo que _____ .

   Otro(a) amigo(a): Es mejor que _____ .

7. Lolita tiene ganas de teñirse el pelo de color rosado.

   Sus amigos: Es terrible _____ .

   Su novio: Espero que _____ .

8. Julio es tan miedoso.

   Su amigo: Tiene miedo de _____ .

   Su compañero: Tiene miedo de que _____ .

## ESCUCHAR

**J. ¿Cómo se sienten?**   En la segunda conversación tres amigos se encuentran en el
Centro Estudiantil de la universidad durante la semana de los exámenes finales.
Escucha la conversación y escribe en pocas palabras cómo se siente cada uno.

1. Le primera joven: _____

2. La segunda (Mercedes): _____

3. El tercer joven: _____

**L. ¿Qué dijeron?**   Ahora, escucha la conversación otra vez fijándote en lo que dicen
los jóvenes y termina el siguiente resumen de los puntos principales:

1. La primera joven está _____ porque mañana

   _____ _____ _____ y ya

   _____ su _____ _____ . Ella va

   a ser _____ .

2. La segunda mujer está _____ porque su novio

   _____ _____ un año entero a _____

   _____ _____ . Ella no puede _____

   _____ _____ porque tiene que _____ .

   Se preocupa porque piensa que su novio puede encontrar _____

   _____ _____ .

3. El joven se siente _____ porque hoy

   presentó el examen de _____ a la

   _____ , de medicina, y _____ .

   No puede volver a tomarlo hasta _____

   _____ .

4. El joven tiene una idea: Mientras el novio de Mercedes está en Europa, él

   _____ _____ _____ y también

   ayudará a la otra señorita en su trabajo.

**LL.** ¿Cómo expresan... ?   Escucha la conversación otra vez y escribe las expresiones que usan...

1. para expresar felicidad: _____

   _____

   _____

   para responder: _____

   _____

2. para expresar tristeza: _____

   para responder: _____

   _____

3. para expresar preocupación: _____

   _____

   para responder: _____

## DESPUES DE ESCUCHAR

**M.** ¡No me digas!   ¿Qué se puede decir en las siguientes circunstancias?   En grupos de tres o cuatro estudiantes, piensen en la situación y en los sentimientos de las personas y denles tantas respuestas como puedan.   Apunta las más útiles.

> ejemplo:
> Tu mejor amigo(a) está muy contento(a).   Acaba de decirte que
> se va a casar pronto.

**Respuestas serias:**

| | |
|---|---|
| **¡Magnífico!** | Wonderful! |
| **¡Cuánto me alegro!** | I'm so glad! |
| **Mucha suerte, amigo.** | Lots of luck, friend. |
| **Que sean muy felices.** | I hope you/they are/will be very happy. |

**Respuestas chistosas**

| | |
|---|---|
| **¡No me digas! ¿Cómo es posible?** | Don't tell me!  How is it possible? |
| **¡Qué lástima, chico(a)!** | That's too bad, kid! |
| **Qué bueno que seas tú y no yo.** | It's a good thing it's you and not me. |
| **Es increíble que pienses hacer algo tan tonto.** | It's incredible that you're thinking of doing something so stupid/silly. |

1. Tu amigo(a) es un(a) estudiante serio(a). La semana pasada estudió mucho para un examen importante. Acabas de verlo(la), y ha sacado una mala nota.

   _____

   _____

   _____

2. Hace mucho tiempo que tu amiga quiere estudiar en el extranjero. Acaba de recibir una carta de sus padres con la buena noticia de que le van a dar el dinero para pasar un año en España.

   _____

   _____

   _____

3. Tu amigo sale dentro de una semana para estudiar en México. Quiere ir, pero también se da cuenta de que va a echar de menos a sus amigos. También, está nervioso porque no sabe lo que le va a pasar allí.

   _____

   _____

   _____

4. Hace muchos meses que tus padres están muy preocupados porque tu hermano y su esposa pensaban divorciarse. Hoy tus padres están más alegres. Ya se han reconciliado y no van a divorciarse.

   _____

   _____

   _____

5. Tu amigo piensa que es muy afortunado. Tiene muchos amigos, sabe lo que quiere hacer después de graduarse, ya tiene empleo y tiene una novia que lo quiere.

   _____

   _____

   _____

## CONVERSACION 3: TRANQUILIZATE, NO PELEEMOS MAS

ANTES DE ESCUCHAR

N. ¿Cuándo se enojan tú y tus compañeros? Con dos estudiantes, conversen sobre las situaciones que les hacen enojarse más. Comiencen por terminar la siguiente oración:

**Yo me enojo más cuando** _____ .

Ñ. ¿Qué piensan los compañeros de la puntualidad? Entrevista a dos o tres compañeros sobre la importancia de llegar a tiempo. Comparen sus opiniones de las siguientes situaciones.

1. Un amigo los ha invitado a cenar en su casa a las 7:30. Ya son las 7:40 y todavía Melisa no aparece. No pueden empezar a comer hasta que llegue Melisa. ¿Cómo se sienten?

2. Ustedes van al campo hoy con unos amigos. Jorge quedó en pasar por todos en su coche a las 8:00 de la mañana. Ya son las 9:00 y todos siguen esperándolo. ¿Se sienten enfadados? (¿Y si Jorge llega a tu casa a las 10:30?)

3. Cada vez que tienen un compromiso, María Eugenia llega tarde. Esta vez han organizado una excursión a un lago para esquiar en el agua. Todos quedaron en encontrarse en tu casa a las 9:00 de la mañana para viajar juntos. Son las 8:30 y María Eugenia ya llegó. Tú no estás listo(a) todavía. ¿Cómo reaccionas?

## ESCUCHAR

**O.  ¡Siempre llega tarde!**  Tres amigos quieren ir al cine esta noche. Uno llega tarde. Escucha la tercera conversación y contesta las siguientes preguntas.

1. ¿Quién llega tarde? _____

2. ¿Cómo se sienten los otros dos amigos? _____
_____

3. ¿Qué excusa les ofrece Jorge? _____
_____

4. ¿Qué solución propone Gerardo? _____
_____

**P.  ¿Qué dijeron?**  Escucha la conversación otra vez y llena los espacios en blanco.

Carmen: Gerardo, mira la _____ que es, y Jorge, como de _____ , no ha _____ . ¡Vamos a perder la _____!

Gerardo: No te impacientes. El llega tarde, pero _____ _____ que va a llegar.

Jorge: ¡Buenas! eh... Buenas. ¿Ya compraron los _____?

Carmen: No, te estábamos _____ .

Gerardo: Oye, ¿qué horas de llegar son _____? Creo que ya... Tú _____ que a mí no me _____ entrar a la _____ tarde.

Jorge: Y lo, lo _____ , uh, ¡qué _____ con ustedes, pero es que no se _____ lo congestionado que estaba el _____!

Carmen: ¡Ay, _____ con disculpas! Desde que se inventaron las _____ , todo el mundo queda bien.

Jorge: Bueno, bueno, ya ustedes me _____ . Esto todo es parte del paseo.

Gerardo: Bueno, no _____ más.  Decidamos qué

_____ a _____ .  Son

las _____ y _____ , ya

no podemos _____ a esta _____ .

¿Por qué no vamos aquí al _____ de al lado,

cenamos, y luego, _____ la función de las

_____ ?

Jorge: Me _____ bien.

Carmen: Bueno, _____ bien.  ¿Qué vamos a

_____ ?

Gerardo: No, pero, _____ enfadada tú, ¿no es

_____ ?  Tranquilízate.  Yo creo que vamos a

_____ esta cena.

Carmen: Ya se me _____ .

Gerardo: Así lo _____ .

Q.  ¿Cómo dijeron…?   ¿Cómo expresan los jóvenes en español las siguientes
expresiones inglesas?  Subraya las expresiones apropiadas en las oraciones que
terminaste en el Ejercicio P (arriba).

1. We're going to miss the movie.
2. Don't be impatient.
3. Is this any time to be arriving?
4. I'm sorry to have done this to you.
5. You can't imagine how congested the traffic was!
6. You always have excuses!
7. Okay, let's not fight any more.
8. It's okay with me.
9. Isn't that right?
10. I'll get over it.

9

memomemomon

Expresiones útiles para expresar enfado

| | |
|---|---|
| **¡Por Dios!** | For goodness' sake! |
| **No puedo más.** ⎫ **Ya no aguanto.** ⎭ | I can't take it any more. |
| **Eso me enfada muchísimo.** | That really makes me mad. |
| **Me enfado cuando me hablan así.** | I get annoyed when they talk to me that way. |
| **Me molesta que hagan eso.** | It bothers me that they do that. |
| **¡Qué ira!** **¡Qué cólera!** | How enfuriating! |
| **Me pone negro(a).** **Me da rabia.** | It drives me crazy (with anger). |

Expresiones útiles para expresar disgusto

| | |
|---|---|
| **Eso me cae muy mal.** | That really strikes me wrong. |
| **¡Ay de mí!** | Oh, my! |
| **Siempre me pasa lo mismo.** | It's always the same thing. |
| **¿Qué voy a hacer?** | What am I going to do? |
| **Esto no puede ser.** | This can't be. |
| **Siempre con disculpas.** | Always with an excuse. |

**R.** **¡Eso me da tanta rabia!** Tú te enojas fácilmente? ¿Qué situaciones te enfadan? Dile a un(a) compañero(a) cómo te sientes en los casos 1, 3 y 5, y él (ella) debe responder con una expresión apropiada. Cambien de papel para los números 2 y 4.

1. Compraste un secador de pelo que no funciona. Quisiste devolverlo pero el gerente del almacén no te devolvió el dinero. Dijo que el aparato funcionaba cuando lo compraste.

   Cliente: _____

   Amigo(a): _____

2. Tienes mucha prisa para llegar al trabajo, pero el tráfico está muy congestionado. Un señor de ochenta años conduce muy lentamente delante de ti y no puedes pasarlo.

   El (La) que maneja el coche: _____

   Amigo(a): _____

3. Tuviste un accidente con tu motocicleta la semana pasada y estabas en el hospital cuando había un examen en tu clase de historia. Le has pedido al (a la) profesor(a) que te dé otra oportunidad de tomar el examen, pero él (ella) te dice que no.

   Estudiante: _____

   Amigo(a): _____

4. Hace dos meses que un(a) amigo(a) te pidió que le prestaras mucho dinero para una emergencia. Te prometió que te lo devolvería dentro de ocho días, pero todavía no te ha dado ni un centavo, y no te lo menciona siquiera.

   El (La) que prestó el dinero: _____

   Amigo(a): _____

5. El sábado pasado tuviste que viajar a otra ciudad con el equipo de vólibol, y esa misma noche tu novio(a) salió con tu mejor amigo(a).

Jugador(a) de vólibol: _____

Amigo(a): _____

_____

**RR.** Te voy a contar lo que me pasó una vez.  Piensa en algo muy irritante/enfurecedor que te sucedió una vez y cuéntaselo a algunos(as) compañeros(as).  Ellos te dirán lo que piensan.

## ACTIVIDADES

### SITUACIONES

**S. El juego de mímica.**  Vamos a jugar a mímica hoy en clase.  Imagínate una escena en que se expresa un sentimiento.  Piensa en las acciones y en las expresiones faciales apropiadas para representar cada sentimiento.

En clase, los otros compañeros van a:

1. presenciar tu actuación.
2. adivinar el tipo de sentimiento que estás representando.
3. decir algo apropiado para responderte a ti y a la situación en que pretendes estar.

> ejemplo:
> Alguien representa a un(a) niño(a) que llora.  Un miembro de la clase adivina que es un(a) niño(a) que llora.  Una persona dice, "Cálmate, niño(a).  No llores."

**T. ¡De película!**  ¿Qué películas has visto que tratan de la amistad o del amor? ¿Hay una que te haya gustado más que las otras?  Cuéntales la historia de la película a dos o tres compañeros de clase.  No la leas; puedes tomar apuntes.

REPORTAJE

## Bette Midler y Barbara Hershey, distintas pero inseparables, son:
# Eternamente amigas

«Eternamente amigas» constituye un drama único, una historia acerca de la confianza que se tienen dos mujeres, analizando hasta qué punto cada una de ellas puede dar lo mejor de sí misma en favor de la otra. Dos excelentes actrices, Bette Midler y Barbara Hershey, encabezan el reparto de esta película.

Un caluroso día de verano del año 1957, comienza una amistad tan extraordinaria como impensable en la playa de Atlantic City. Las dos muchachas de once años CC Bloom e Hillary W_____ _____dían de mundos totalmente diferentes. Des_____ _____ de Nueva York, estaba en camino d_____ mosa estrella de la canción. _____ llary, que está de vaca_____ su voz una pud____

# 9

Apuntes: _____

_____

_____

_____

_____

_____

_____

**U. A compartir opiniones.** Con un(a) compañero(a), discutan las respuestas a las siguientes preguntas. Luego, tu profesor(a) les dará las respuestas según un artículo que apareció en la revista *Cosmopólitan de México*.

1. ¿A qué edad son los hombres más susceptibles a los encantos de la mujer?

   A nosotros nos parece que _____

   _____

   La respuesta según el artículo: _____

   _____

2. Desde el punto de vista del hombre, ¿a qué edad es una mujer más atractiva?

   A nosotros nos parece que _____

   _____

   La respuesta según el artículo: _____

   _____

3. ¿Qué es lo que menos les gusta a los hombres de sus esposas? Nosotros pensamos

   que _____

   _____

   La respuesta según el artículo: _____

   _____

4. ¿Qué es lo que menos les gusta a las mujeres de sus esposos?

   Nuestra opinión: _____

   _____

   (El artículo no lo comenta.)

5. ¿Son las mujeres el principal tema de conversación entre los hombres?

   Nosotros pensamos que _____

   La respuesta según el artículo: _____

6. ¿Son los hombres el principal tema de conversación entre las mujeres? _____

   Nosotros pensamos que _____

   (El artículo no lo comenta.)

7. ¿Cómo describe el hombre a su mujer ideal?

   Nos parece que _____

   _____

   _____

La respuesta según el artículo: _____

_____

8. ¿Cómo describe la mujer a su hombre ideal?

    Pensamos que _____

    _____

    _____

    (El artículo no lo comenta.)

9. ¿Cómo se siente el hombre cuando la mujer toma la iniciativa, y qué prefiere la mujer?

    Opinamos que _____

    _____

    La respuesta según el artículo: _____

    _____

**V. Situaciones.** Con otro(a) estudiante, escojan una de las siguientes situaciones y hagan los papeles indicados. Presenten su conversación a un grupo de sus compañeros.

1. **Dos novios.** Uno(a) ha decidido que ya no quiere que sean novios y se lo explica al (a la) otro(a), quien reacciona con mucha emoción.

2. **Dos amigos inseparables.** Uno(a) anuncia al (a la) otro(a) que se va a casar pronto. El (La) otro(a) sabe que va a echar de menos terriblemente a su querido(a) compañero(a).

3. **Un(a) estudiante y su papá.** El (La) estudiante acaba de averiguar que le van a dar una beca para estudiar en España el año que viene. El papá lo (la) felicita, pero también se preocupa por su hijo(a) y va a echarlo(la) de menos.

4. **Dos estudiantes.** Uno(a) acaba de oír que el (la) profesor(a) de español se ha casado el sábado pasado. Están muy sorprendidos.

5. **Dos estudiantes que viven en una residencia estudiantil.** Uno(a) le dice al (a la) otro(a) que su compañero(a) de cuarto cometió un delito y está en la cárcel.

**X. Piropos.** En los países hispánicos existe la tradición del piropo. En las calles los hombres hablan de la belleza de las mujeres y expresan sus sentimientos hacia ellas. Y ¿por qué no hablan las mujeres de las cualidades de los hombres? Se dividen los estudiantes en grupos de dos, hombres o mujeres, para inventar unos «piropos» para otro grupo de dos, del sexo opuesto. ¡Traten de ser muy originales! Ejemplos de piropos:

¿Qué ojos más lindos! Mírame, por favor.

Tantas curvas, ¡y yo sin frenos!

¡Conocerte es amarte! ¡Vamos a conocernos!

¡Qué mina!

**Y.** Busca un artículo sobre el amor, la amistad o el noviazgo en un periódico o en una revista en español. Prepara un resumen del artículo y preséntalo a la clase.

**Z.** Mira con atención un episodio completo de una telenovela en español y en cada escena describe lo siguiente:

1. qué personas salen y cómo son las relaciones entre ellos _____
_____
_____

2. los principales sentimientos expresados _____
_____
_____

3. cómo expresan esos sentimientos en sus acciones _____
_____
_____

En clase busca a los compañeros que vieron la misma telenovela y comparen sus impresiones.

**AA.** ¿Has visto alguna vez una película en español sobre el amor o la amistad? Cuenta el argumento de la película. ¿Qué diferencias culturales notaste entre la película hispánica y las películas de los Estados Unidos?

**vocabulario** palabras y expresiones que quiero recordar

# Capítulo 10

# EXPRESSING AND RESPONDING TO OPINIONS

# « *Pues, a mí me parece…* »

## LOS GUSTOS Y LAS OPINIONES

## INTRODUCCION

**A. ¿Qué opinan?**   Describe las opiniones del padre y de la madre representadas aquí. Los dos tienen opiniones distintas sobre lo que está soñando su bebé.  ¿Tiene razón uno(a) de los dos?

**B. ¿Te gusta o no?**   El tema de este capítulo es lo que nos gusta y lo que no nos gusta. A todos nos gustan o nos disgustan ciertos pasatiempos, ciertas cosas y ciertas personas.

   1. Los gustos

      a. Nombra tres pasatiempos que te gustan muchísimo.
      b. Nombra cinco cosas que te parecen maravillosas.
      c. Nombra a las personas que te importan más en la vida.

   2. Los disgustos

      a. Nombra tres pasatiempos que no te gustan nada.
      b. Nombra cinco cosas que te parecen desagradables.
      c. Nombra los tipos que te parecen antipáticos.

# ESCUCHAR Y PRACTICAR

## CONVERSACION 1: LA IMPORTANCIA DE TENER UNA COMPUTADORA

ANTES DE ESCUCHAR

**C. La computadora.**   Sin duda alguna, vivimos en la edad de la computadora. Influye en casi todos los aspectos de nuestra vida, y cada día desempeña un papel más importante en nuestra sociedad y en nuestra cultura.  Contesta las siguientes preguntas y habla con tus compañeros sobre ellas.

1. ¿Cuáles son las ventajas de tener una computadora?
2. ¿Cuáles son las desventajas, si las hay?
3. ¿Qué ha cambiado como consecuencia de la computadora?
4. ¿Qué opinas tú?  ¿Cómo va a cambiar la computadora la vida en el futuro?
5. ??? (¿Hay otras preguntas que quisieras comentar?)

**CH.** ¿Tienes una computadora?   ¿Qué opinas tú de la computadora? ¿Por qué te gustaría tener una? ¿Por qué te parece bien tener una? A tu parecer, ¿hay desventajas de tener una computadora?

ESCUCHAR

**D. Opiniones distintas.**   Escucha la primera conversación para averiguar lo que creen los jóvenes con respecto a tener una computadora.  Presta atención a lo que opinan los tres amigos.

1. ¿A cuántos de los tres les parece buena idea tener una computadora?

_____

2. ¿A cuántos no les gusta la idea? _____

3. Las ventajas de tener una computadora, según los que están a favor:

    a. _____

    b. _____

    c. _____

    ch. _____

    d. _____

4. Las desventajas de tener una computadora, según los que están en contra:

    a. _____

    b. _____

    c. _____

    ch. _____

    d. _____

**E. ¿Qué opinas tú de la computadora?**   Compara lo que opinas tú con lo que opinan los jóvenes de la conversación.  ¿Con quién (o con qué) estás de acuerdo? ¿Con quién (o con qué) no estás de acuerdo? ¿Sobre qué tienen razón? ¿Sobre qué no tienen razón?

**F. En contra de las computadoras.** Piensa en la joven a quien no le gustan las computadoras. ¿Por qué cree lo que cree? ¿Qué se puede hacer para que ella cambie de parecer? Prepara una lista de razones para tener una computadora y para convencer a una persona como ésta de que compre una.

**G.** Escucha otra vez la conversación y contesta estas preguntas.

1. ¿Cómo sabes que al primer joven le gusta su computadora?

_____

2. ¿Qué quiere decir la joven cuando utiliza la expresión «fiebre de computadora»?

_____

3. ¿Qué quiere decir la joven cuando dice que «Nos estamos convirtiendo en máquinas»?

_____

4. ¿Para qué sirven los paquetes?

a. _____

b. _____

**H. ¿Cómo se dice en inglés... ?** Escucha la conversación una vez más fijándote en el significado de las siguientes expresiones y palabras. (El orden de las expresiones es el mismo en el que ocurren dentro de la conversación.)

1. ... la desempaqué... _____

2. No hay como tener una computadora. _____

3. Son una pérdida de tiempo y de dinero. _____

4. No sé qué.... _____

5. Pero fíjate que.... _____

6. En verdad,.... _____

7. ... facilitarle a uno la vida.... _____

8. ... cuadrar la chequera.... _____

9. Encima de eso,.... _____

10. Lo que yo quiera.... _____

11. Te vas a poner gordo. _____

12. A lo mejor,.... _____

Expresiones útiles para pedir la opinión de una persona

| | |
|---|---|
| **¿Estás de acuerdo en que… ?** | Do you agree that . . . ? |
| **¿Crees que nos hace falta… ?** | Do you think we need . . . ? |

Expresiones útiles para expresar opiniones

| | |
|---|---|
| **Creo que no tienes razón.** | I think you are wrong. |
| **Por mi parte,… .** | For my part, . . . . |
| **A mi parecer,… .** | From my point of view, . . . . |
| **Me parece (es evidente) que… .** | It seems (it's evident) to me that . . . . |
| **Estoy convencido(a) de que… .** | I am convinced that . . . . |

Expresiones favorables al hablar de la computadora

| | |
|---|---|
| **Mayormente, creo que es un buen programador (una programadora buena).** | For the most part, I think he (she) is a good programmer. |
| **Me gusta muchísimo esa impresora.** | I like that printer very much. |

Expresiones desfavorables al hablar de la computadora

| | |
|---|---|
| **Prefiero no mecanizarme.** | I prefer not to use machines. |
| **No me gustan nada esos discos.** | I don't like those disks at all. |
| **No, pero el lenguaje de máquina es bien complicado.** | No, but programming language is very complicated. |
| **Es posible, pero falta la memoria necesaria.** | It's possible, but it lacks the needed memory. |

Expresiones útiles para no decir ni sí ni no de la computadora

| | |
|---|---|
| **Depende del programa.** | It depends upon the program. |
| **Sí y no. Algunos tienen miedo de la computadora y otros no.** | Yes and no. Some are afraid of the computer and others aren't. |
| **A veces se borran algunos datos, pero no sucede a menudo.** | Sometimes some data is erased, but not often. |
| **De vez en cuando, hay que clasificar los ficheros.** | From time to time, it's necessary to classify the files. |

**I.** **¿Comprar o no comprar una computadora?**   Existe una controversia en la escuela elemental de nuestra vecindad.

1. Hay algunos padres que están a favor de comprar computadoras porque creen que en esta época es necesario que los estudiantes sepan utilizarlas. Hay otros padres que creen que es más importante utilizar el dinero para comprar libros nuevos para la biblioteca y para las clases. ¿Qué piensan ustedes? a) Divídanse en dos grupos, uno a favor y el otro en contra de la compra de computadoras. b) Pasen cinco minutos hablando de las razones para comprar o no comprar las computadoras. c) Elijan a un(a) compañero(a) para que diga lo que piensa todo el grupo. d) Hagan las presentaciones. e) Incluyan otros comentarios de cada grupo.

2. Preparen todos un programa de televisión en el que se les explique a los televidentes lo que pasó durante el debate sobre la cuestión de comprar o no las computadoras. Debe ser lo más objetivo posible.

CONVERSACION 2: ¿QUE VAMOS A ESCUCHAR?

ANTES DE ESCUCHAR

**memo**

Palabras útiles para hablar de la música

| | | | |
|---|---|---|---|
| **el compás** | time | **el ritmo** | rhythm |
| **el tono** | tone, pitch | **la letra** | lyrics |
| **el concierto** | concert | **la comedia musical** | musical |
| **la melodía** | melody | **la canción** | song |
| **el estéreo** | stereo | **la nueva ola** | the new wave |
| **grabar** | to record | **el conjunto musical** | musical group |
| **las entradas** | tickets | **el altavoz** | loud speaker |
| **los boletos** | tickets | **el baile** | dance |
| **el tocadiscos** | record player | **el paso de baile** | dance step |
| **el sonido** | sound | **la pista de baile** | dance floor |

**J. La música que me gusta.** Con tus compañeros de clase hablen de sus gustos musicales. ¿Qué clase de música escuchas? ¿Qué clase no escuchas? ¿Cuándo escuchas música? ¿Para qué la escuchas?

| | | | |
|---|---|---|---|
| clásica | acústica | religiosa | instrumental |
| popular | roc | amplificada | vocal |
| jazz | folklórica | cante flamenco | de Navidad (villancico) |

1. ¿Cuál es tu música favorita?

_____

2. ¿Cuál es tu cantante favorito(a)?

_____

3. ¿Cuál es tu conjunto favorito?

_____

4. ¿Cuál es tu músico(a) favorito(a)?

_____

**L. ¿Por qué?** Piensa en la música que te gusta y en la que te disgusta. ¿Cuáles son las razones para que te guste o no cada clase de música? ¿Cómo te sientes al escuchar la música? Explica el por qué de tus gustos.

ESCUCHAR

**LL.** Está claro que a todo el mundo no le gusta el mismo tipo de música. Escucha la conversación, fijándote en la música que les gusta a los dos amigos.

1. ¿Qué música le gusta al primero?

_____

2. ¿Qué música prefiere el segundo?

_____

**M.** **Tipos musicales.** ¿Es verdad que hay cierta clase de personas que escuchan música clásica y otras que escuchan música contemporánea? ¿Cómo son estos dos tipos de personas? ¿Cómo son los amigos de esta conversación? ¿Qué piensas de cada uno? ¿Cómo influyen tus gustos en lo que piensas de ellos?

**N.** **La música clásica o la música popular?** Completa la siguiente lista según tu propia opinión sobre la música clásica y la música popular.

1. le hace a uno(a) más completo(a) _____

2. le hierve la sangre a uno(a) _____

3. llena los estadios _____

4. produce sueños _____

5. es más universal _____

6. mueve las masas _____

7. suena aburrida _____

8. está escrita por los
   mejores autores musicales _____

**Ñ.** **¿Acuerdo o desacuerdo?** Escucha la conversación otra vez, escribiendo las primeras palabras que dice cada amigo cada vez que habla. Después, escribe «acuerdo» si estas palabras revelan que está de acuerdo con su amigo. Escribe «desacuerdo» si revelan que no está de acuerdo. (El número entre parentesis indica el número de palabras que debes escribir.)

1. (3) Oye, nada más _____ acuerdo/desacuerdo _____

2. (5) _____ _____

3. (2) _____ _____

4. (3) _____ _____

5. (7) _____ _____

6. (4) _____ _____

7. (3) _____ _____

8. (6) _____ _____

9. (7) _____ _____

**O.** **¿Qué significan?** Explica el significado de las siguientes palabras y frases.

1. soy muy aficionado(a) a _____

2. tiene su propósito _____

3. sin embargo _____

4. no tiene mucho que ver _____

5. de todas maneras _____

6. no estoy en contra _____

## Cada 3 minutos... una cápsula de información y entretenimiento

Juan José Arreola *
Andrés Henestrosa *
Juan Arturo Brennan
* Carlos Monsivais *
Manuel González Ca-
sanova * Eduardo Ma-
tos Moctezuma * Tere
Vale * Pedro Ferriz *
Fernando Alba * Ja-
queline Sheinberg *
Eunice Cortés * Mar-
tha Sosa * Federico
Vale * Juan López
Moctezuma * Enrique
Ganem *Miguel Oso-
rio Marbán*Raúl Cer-
vantes * Héctor Rebolén

ABC RADIO 760 AM

LA ESTACION
DE LA PALABRA

* Antonio Moreno
Rogelio Gómez * Ve-
ronica Medina * José
Rogelio Alvarez*Jai-
me Casillas * José
de la Herrán * Nico-
lás Alvarado * Lucy
Barragán * Pedro
Luis de Aguinaga *
Sealtiel Alatriste *
Chela Bracho * Ma-
nuel de la Cera *
Trini Berrúm * Glo-
ria Fuentes *Manuel
Mejido* José Carlos
Robles * Mauricio
González de la Garza

DESPUES DE ESCUCHAR

Expresiones útiles para expresar acuerdo

| | |
|---|---|
| **Estoy de acuerdo.** | I agree. |
| **Tienes razón.** | You're right. |
| **Es verdad. (Es cierto.)** | That's true. |
| **Además, es... .** | Besides, it is . . . . |
| **También, es... .** | Also, it is . . . . |
| **Sin duda (alguna).** | Without a doubt. |
| **Claro que sí.** | Of course. |

Expresiones útiles para expresar desacuerdo

| | |
|---|---|
| **Claro que no.** | Of course not. |
| **De ninguna manera.** | Absolutely not. |
| **Yo no estoy de acuerdo.** | I don't agree. |
| **Tú te equivocas.** | You're mistaken. |
| **Tú no tienes razón.** | You're wrong. |
| **Estoy en contra de eso.** | I'm opposed to that. |
| **Al contrario,... .** | On the contrary, . . . . |
| **Por otra parte (otro lado),... .** | On the other hand, . . . . |
| **Sin embargo, prefiero... .** | Nevertheless, I prefer . . . . |
| **Yo diría que eso no importa.** | I would say that that doesn't matter. |
| **No es verdad (cierto).** | It isn't true. |
| **¡Tonterías!** | Foolishness! |
| **Sí, pero... .** | Yes, but . . . . |
| **No es así.** | It's not like that. |

**P.** Los gustos musicales.

1. Prepara una encuesta para tus compañeros de clase sobre la música que les gusta. Haz preguntas sobre los cantantes, los conjuntos y los músicos así como sobre la música misma.

Por ejemplo:

**¿De qué cantante tienes discos o cintas?**

**¿De quién tienes más discos?**

**¿Cuáles escuchas más?**

**¿De qué cantante tienes vídeos?**

**¿De quién tienes más?**

**¿Cuáles miras más?**

2. En grupos de cuatro hagan la encuesta. (Ustedes pueden combinar las preguntas de todas las encuestas.)

3. Comparen ustedes el resultado de la encuesta de cada grupo.
   ¿A cuántos les gusta la música contemporánea?
   (clásica, folklórica, jazz, roc, religiosa, de Navidad)
   ¿Quién es el (la) cantante más popular?
   ¿Cuál es el conjunto que les gusta más?
   ¿Quién es el (la) músico(a) mejor?

## CONVERSACION 3: LA TELEVISION: ¿ES UN BIEN O UN MAL?

ANTES DE ESCUCHAR

**Q.** **A favor de y en contra de la televisión.** Se critica mucho la televisión. Algunos dicen que es un bien; otros que es un mal. Lo cierto es que hay mucha gente por todo el mundo que tiene un televisor y que pasa horas y horas cada semana en frente de él. Hablen ustedes de los siguientes temas.

1. los programas
2. las personas que miran los diversos programas
3. cuántas horas al día los miran
4. el efecto de mirar televisión
5. lo bueno y lo malo de la televisión
6. recomendaciones para cambiar y mejorar los programas
7. reglas para los niños
8. ???

**R.** **¿Qué crees tú?** Haz una lista de los aspectos de la televisión que te gustan y los aspectos que no te gustan.

ESCUCHAR

**RR. Las actitudes.** Escucha la tercera conversación para saber lo que opinan esos jóvenes sobre los programas de televisión. Presta atención a las actividades de los dos jóvenes. Es probable que no comprendas todas las palabras la primera vez que escuchas. Por eso, es mejor que te fijes solamente en un aspecto de la conversación a la vez.

1. ¿Qué clase de programas les gusta a los dos?

   _____

2. ¿Para qué le sirve la televisión a la persona a quien le gusta tanto?

   _____

3. ¿Qué aspecto de la televisión no le gusta al otro?

   _____

4. ¿Sobre qué están de acuerdo?

   _____

**S. ¿Qué opinas tú?** ¿Estás de acuerdo con alguno de estos jóvenes? ¿Con cuál? ¿Qué más le habrías dicho tú al otro?

**T. Preguntas personales.** Escucha la conversación otra vez y participa en la conversación, contestando las siguientes preguntas.

1. ¿Qué programas o clase de programas te gustan más?

   _____

2. ¿Con qué persona te identificas más?

   _____

3. ¿Qué programa(s) te parece(n) hecho(s) para tontos?

   _____

4. ¿Qué haces tú cuando estás cansado(a) y no quieres pensar?

   _____

5. ¿Te parece posible embobecerse mirando la televisión? Explica tu respuesta.

   _____

6. ¿Crees que mirar la televisión ha influído en el nivel de lectura y escritura a que llegan los niños? ¿Por qué sí o no?

   _____

7. ¿Qué aprenden los niños de la televisión?

   _____

8. ¿Qué opinas tú? ¿Se debe controlar la televisión? ¿Por qué?

   _____

**U. Las opiniones.** Usamos palabras o expresiones favorables o desfavorables para expresar nuestros gustos y disgustos. Fijándote en éstas, escucha la conversación otra vez y apunta algunas de ellas abajo.

| Favorables | Desfavorables |
|---|---|
| tan cómica | estupidez |
| excelentes | una cosa tontísima |

1. _____ _____

2. _____ _____

3. _____ _____

4. _____ _____

5. _____ _____

6. _____ _____

## DESPUES DE ESCUCHAR

**Expresiones útiles para expresar preferencias**

| | |
|---|---|
| **(No) Me gusta(n) (mucho)... .** | I (don't) like . . . (a lot). |
| **Me interesa... .** | I'm interested in . . . . |
| **Me encanta... .** | I'm enchanted by . . . . |
| **Me parece una estupidez.** | It seems stupid to me. |
| **Prefiero no pensar.** | I prefer not to think. |
| **Me parece absurdo (tonto)... .** | It seems foolish to me . . . . |
| **Odio... .** | I hate . . . . |
| **¡Qué partido más (tan) emocionante!** | What an exciting game! |
| **¡Qué programa más aburrido!** | What a boring program! |

**V. Aconsejador(a) oficial.** El Presidente de los Estados Unidos te ha nombrado miembro de una comisión para mejorar los programas de televisión.

1. Estudia la lista semanal de programas y haz lo siguiente.

   a. Haz una lista de cinco programas que quieras conservar.
   b. Indica cinco que quieras eliminar.
   c. Recomienda programas para reemplazar los que has eliminado.

2. Formen grupos de tres para hablar de los programas de televisión y para preparar sus recomendaciones.

   a. Un(a) miembro debe presentar su lista de los programas que quiere conservar. Los otros dos deben compararla con las suyas y discutirla para llegar a tener una lista que sea satisfactoria para los tres.
   b. Otro(a) miembro debe hacer lo mismo con respecto a los programas que quiere eliminar. Todos deben hablar sobre sus gustos y opiniones hasta que lleguen a un acuerdo sobre una lista que represente los gustos y opiniones del grupo.
   c. El (La) otro(a) miembro debe presentar sus recomendaciones. Luego, todos deben hablar de sus ideas y preparar una lista de las recomendaciones del grupo.

3. Presenten sus listas a la clase. Comenten las semejanzas y diferencias entre las listas de los diversos grupos. Hagan un resumen de los gustos, opiniones y recomendaciones de la clase.

**X. ¿Qué hacemos?** ¿Cómo vamos a divertirnos este fin de semana? Formen grupos de cuatro estudiantes y hagan planes para el fin de semana. Todos deben expresar su opinión y responder a las opiniones de los demás, pero el objetivo es escoger algo que todos quieran hacer. Después, hagan un resumen de lo que intentan hacer para el resto de la clase. Si quieres, puedes usar estas preguntas y respuestas.

| | |
|---|---|
| **¿Qué podemos hacer esta noche?** | *What can we do tonight?* |
| **¿Sabes que dan una película buena?** | *Do you know that they're showing a good movie?* |
| **¿Has oído que María sale con José?** | *Have you heard that María is going out with José?* |
| **¿Por qué no vamos al concierto?** | *Why don't we go to the concert?* |
| **A mí me gustaría bailar.** | *I would like to dance.* |
| **Se dice que a todos les gusta ese conjunto.** | *They say that everyone likes that group.* |
| **Por la noche habrá fiesta en casa de Martín.** | *At night there will be a party at Martín's house.* |
| **La fiesta es el sábado por la noche.** | *The party is Saturday night.* |
| **Sin duda podemos alquilar un vídeo.** | *Undoubtedly we can rent a video.* |
| **Sería mejor (posible) quedarnos en casa.** | *It would be better (possible) to stay at home.* |

**Y. Un buen pasatiempo.** ¿Cuáles son las cosas que nos atraen más en un buen pasatiempo? Habla de eso con un(a) compañero(a). El objetivo es examinar y anotar, en orden de importancia, los aspectos que se enumeran a continuación. Tienen que ponerse de acuerdo antes de presentar la lista al resto de la clase.

1. el estímulo intelectual
2. los beneficios físicos
3. el costo
4. si se hace solo(a) o con amigos
5. si se hace adentro o al aire libre
6. si es una actividad difícil o fácil
7. si requiere habilidad poco común
8. si es necesario practicar mucho
9. si es algo de última moda

ejemplo:
— A mi parecer lo más importante es el precio.
— ¡Qué va! A mí me importan más los beneficios físicos.
— Bueno. Los beneficios físicos sí son importantes, pero si uno no puede pagar, ¿qué importan los beneficios físicos?
— Pues, si no me gusta, no lo hago, etc.

**Z. A discutir un tema.** Divídanse en dos grupos, uno a favor y otro en contra de una de las proposiciones que se presentan más adelante. Cada grupo debe hacer una lista de las razones en que se basa su opinión. Luego, preparen una intervención oral de tres minutos en que un(a) representante del grupo explique por qué están a favor o en contra del tema.

Después de estas presentaciones iniciales, tres miembros de cada grupo tienen dos minutos para responder a las razones del otro grupo. Finalmente, todos los demás deben decir por qué están a favor o en contra de lo que se afirma.

**Temas:**

1. **El uso de drogas ilegales:** El gobierno debe permitir la compra legal de cualquier droga.
2. **Los inmigrantes ilegales:** El gobierno debe cerrar las fronteras para que no entre nadie ilegalmente en los Estados Unidos.
3. **El estudio de idiomas modernos en los EE.UU.:** El gobierno debe exigir o recomendar que todos los estudiantes sigan cursos de lenguas modernas desde el tercer año de escuela primaria hasta el último año de escuela secundaria.
4. **Los exámenes y las notas:** No debe haber exámenes ni notas en los cursos.
5. **El castigo:** Se debe prohibir que los padres castiguen a los hijos.
6. **Las telenovelas:** Cumplen una función importante en la sociedad.
7. **El papel de la mujer:** Debe haber un «Día de la Mujer Trabajadora».
8. **El tiempo:** No debe haber pronósticos ni en el periódico ni en la televisión.
9. Otro tema que les interese.

**AA.** Profesiones—La más importante. Cada estudiante va a recibir una tarjeta en la que hay datos sobre una profesión.

1. Primero, lee todos los datos con respecto a tu profesión.
2. Luego, preséntate a los otros estudiantes con tu propio nombre y los datos de la tarjeta.
3. Después, arreglen todas las profesiones en orden de importancia de mayor a menor. (Cada uno tiene que expresar sus propias opiniones y justificarlas.)

**BB.** Una escena. Un(a) joven habla con un(a) pariente suyo(a).

1. El (La) pariente: Hace dos años, el (la) pariente le compró al (a la) joven un libro para su cumpleaños y el año pasado un disco de música clásica. Ahora, él (ella) piensa en lo que le va a comprar este año y recuerda sus dos cartas anteriores en las que le daba las gracias por sus regalos. Su pariente es una persona de la «alta sociedad» y quiere comprarle algo de valor educativo. Otra vez está pensando en un libro o un disco de música clásica.
2. El (La) joven: Aunque le escribió a su pariente para darle las gracias por el libro y por el disco, no le gusta leer ni le gusta la música clásica. Claro que no quiere ofenderlo(la), pero quiere hacerlo(la) entender que preferiría otro tipo de regalo.

EL CUMPLEAÑOS DE JUAN ANGEL — SIGLO XXI
Mario Benedetti

En un intento por expresar la realidad social de Montevideo, Benedetti nos ofrece una lírica que cumple en contenido y forma de una manera muy especial. Novela corta "biográfica" que transcurre a la par con la vida del protagonista, se desenvuelve a través de frases sugestivas hasta llegar a esa fecha -El cumpleaños de Juan Angel- en que el camino se bifurca hasta llegar a la verdad, el encuentro de esas dos realidades que se hacen una en Mario Benedetti y Juan Angel.

EL BESO DE LA MUJER ARAÑA — SEIX BARRAL
Manuel Puig

El recién fallecido autor, lleva hasta sus últimas consecuencias su más original procedimiento narrativo en una genial sucesión de diálogos entre un homosexual y un activista político confinados en la misma celda de una prisión bonaerense. Utilizando la cultura pop como metáfora para hacer progresar la acción supliendo lo no dicho directamente, Puig confronta a los dos hombres, desvelando las regiones latentes de su personalidad y mostrando al fin sus verdaderos rostros.

HASTA NO VERTE JESUS MIO — EDICIONES ERA
Elena Poniatowska

Este relato testimonio es una obra escencial, que la crítica ha saludado como lo más vivo y verdadero que ha aparecido en la narrativa mexicana de hoy. Los días, las pasiones y los sueños de una mujer humilde a través de los sobresaltos de la historia mexicana contemporánea, comunicados con un lenguaje vivo y genuino, con una prosa que sigue el ritmo de una respiración natural. Hasta no verte Jesús Mío, mediante la autenticidad y la gracia ilumina desde dentro el mundo de la mujer y del pueblo de México.

**CC.** Llama a otros tres estudiantes de español y hazles preguntas sobre sus costumbres con respecto a los temas que se enumeran a continuación. El objetivo es averiguar lo que piensa el (la) estudiante sobre lo que es saludable y lo que es dañino y sus costumbres personales con respecto a...

1. dormir
2. hacer ejercicios
3. comer
4. pensar
5. tomar bebidas alcohólicas

Según las respuestas, ¿crees que las costumbres de los estudiantes confirman tu propia opinión sobre lo que es saludable y lo que es dañino? Comenta los resultados de tu investigación con tus compañeros.

**vocabulario** palabras y expresiones que quiero recordar

# 11

## ARGUING AND FIGHTING BACK

# «¿*Tengo razón o no?*»

### ESTAR EN DESACUERDO

## INTRODUCCION

**A.** Este pobre niño quiere pensar que su discurso es la última palabra y que él ya no tendrá que asistir a la escuela. Pero en fin, ¿quién (o qué) habló mejor? ¿El niño va a la escuela? ¿Qué expresión usa el niño para decir *I'm sick of school!*? ¿Qué palabra inglesa emplea para indicar que lo que él dice es definitivo?

Cuando eras niño(a), ¿solías ganar o perder las discusiones con tus padres? ¿Es buena idea discutir con los padres? ¿Cómo puede un(a) niño(a) conseguir lo que quiere?

**B.** ¿Qué discutes? ¿Con quién? Con unos compañeros, conversen sobre las discusiones que típicamente tienen las siguientes personas. ¿Sobre qué temas discuten?

1. los compañeros de cuarto: _____

   _____

2. los novios: _____

   _____

3. los esposos: _____

   _____

4. los amigos (las amigas): _____

   _____

5. los hermanos: _____

   _____

6. los padres e hijos: _____

**C. Críticas.** Lee los siguientes trozos de historietas y subraya las expresiones usadas para criticar a otra persona y las que se usan para defenderse.

# ESCUCHAR Y PRACTICAR

## CONVERSACION 1: ¡BAJA EL VOLUMEN DE ESA MUSICA, POR FAVOR!

<u>ANTES DE ESCUCHAR</u>

**CH. ¿Qué piensas?**   Con unos compañeros, conversen sobre la música que les gusta y la que no les gusta, y lo que les gusta hacer cuando están cansados.

1. ¿Qué les gusta hacer después de sufrir un examen?
2. ¿Qué música les gusta y no les gusta?
3. ¿Les encanta poner el estéreo a todo volumen?
4. ¿Estudian mejor con música o sin música?
5. ¿Por qué pueden algunos estudiantes estudiar con la música puesta y otros no?
6. ¿Les parece desconsiderada la persona que pone su música a todo volumen? ¿O es que los otros deben ser tolerantes?
7. ¿Qué hacen para descansar o relajar la tensión después de estudiar o trabajar?

<u>ESCUCHAR</u>

**D. Dos amigos discuten.**   En la primera conversación, dos compañeros de cuarto están discutiendo porque uno quiere escuchar unas canciones y el otro tiene que estudiar para un examen. Escucha la conversación varias veces y pon en orden las siguientes frases. Te damos el número 1.

_____ Tú bien sabes que yo no puedo estudiar con música alrededor.

_____ No, no soy desconsiderado.

_____ Antes de que lo hagas, te aviso que mañana tengo un examen que es sumamente importante.

_____ ¿Es que yo no tengo derecho un día a estudiar con tranquilidad?

_____ Tú puedes también estudiar a un lado.

_____ Yo también tengo derecho a escuchar mis canciones.

___1___ Voy a escuchar un buen par de… canciones en este momento.

_____ No es éste el primer problema que tengo contigo.

_____ Por favor, ¡qué poco considerado eres!

_____ Olvida tu música por el día de hoy.

_____ Tú siempre cedes. Pero de todas maneras, voy a oír mi canción.

**E. ¿Qué se usa para… ?**   Escucha la conversación otra vez y clasifica las siguientes expresiones según la función que desempeñan en la conversación.

a. expresiones para pedir algo
b. expresiones para culpar y criticar
c. expresiones para contestar y defenderse

_____ 1. Mira, por favor, antes de que lo hagas, te aviso que… .

_____ 2. Pero, ¿qué tiene de malo? Solamente voy a poner unas canciones… .

_____ 3. Mira, tú bien sabes que yo no puedo… .

_____ 4. A mí me facilita mucho oír música.

_____ 5. ¡Qué poco considerado eres!

_____ 6. Bueno, mira, eso lo entiendo, pero te pido en este momento....

_____ 7. No es éste el primer problema que tengo contigo.

**F.** **¿Quién ganó?** ¿Con cuál de los compañeros de cuarto estás de acuerdo? ¿Por qué? Prepara una pequeña explicación de tu punto de vista, para compartirla en clase con los otros estudiantes.

Mi punto de vista: _____

_____

_____

_____

## DESPUES DE ESCUCHAR

memom

Expresiones útiles para defenderse

| | |
|---|---|
| **¡Yo no!** | Not me! |
| **No es verdad.** | That's not true. |
| **Es verdad, pero...** | That's true, but . . . |
| **¿No me comprendes?** | Don't you understand me? |
| **Yo no tengo la culpa.** | It's not my fault. |
| **No sabes lo que dices.** | You don't know what you're saying. |
| **¿Es que yo no tengo derecho a... ?** | Is it that I don't have a right to . . . ? |
| **¿Qué quieres decir?** | What do you mean? |

**G.** **Más problemas.** ¿De qué otros problemas discuten los compañeros de cuarto? Con otro(a) estudiante, inventen una defensa para cada una de las siguientes acusaciones.

1. ¡Otra vez has dejado la cocina hecha una porquería! Siempre tengo que limpiarla;

   tú no haces nada. _____

   _____

2. ¿Quieres invitar a tus amigos otra vez? Son unos malcriados que se comen todo lo que hay en la casa y no pagan nunca nada.

   _____

   _____

3. Por favor, ayúdame con la tarea de física. Yo te ayudo con el inglés, pero tú eres tan egoísta que no correspondes.

   _____

4. Dime la verdad: te llevaste mi suéter, ¿no? _____

   _____

5. El estéreo está roto. Tú tienes la culpa, yo no. _____

   _____

**11**

memoir

Expresiones útiles para acusar a alguien

| | |
|---|---|
| **La culpa es tuya.** | It's your fault. |
| **Tú no me comprendes.** | You don't understand me. |
| **Lo que me molesta es… .** | What bothers me is … . |
| **¡Tú no me escuchas!** | You don't listen to me! |
| **¡Qué poco considerado(a) eres!** | How inconsiderate you are! |
| **¿Me estás acusando de mentiroso(a)?** | Are you accusing me of being a liar? |
| **Estás portándote de una forma muy impertinente.** | You are behaving in a very impertinent manner. |

**H. Acusaciones.** Con un(a) compañero(a), inventa una acusación que corresponda a la defensa dada.

1. _____

   Pero yo no tengo la culpa.

2. _____

Es verdad, pero tú no entiendes exactamente lo que ocurrió.

3. _____

¿Yo? ¡Nunca!

4. _____

¡No sabes lo que dices!

5. _____

No te enfades. No pasó nada.

6. _____

Pero, ¿por qué dices eso?

7. _____

Estoy harto(a) de tus quejas.

8. _____

¡Por Dios! ¿No tengo yo derechos también?

## CONVERSACION 2: ¡POR FAVOR, PAPI!

ANTES DE ESCUCHAR

I. ¿Cómo era tu adolescencia?   ¿Qué te dejaban hacer tus padres cuando tenías quince años?  Lee lo que dicen unos jóvenes de la escuela secundaria en distintos países e indica si tu vida social era similar a la de alguno de estos chicos.

1. Una chica de Nueva York: Mis padres me dejan salir con mis amigos si ellos los conocen bien, pero tengo que volver a casa antes de las once de la noche.

   Mis padres _____

   _____

2. Un joven de España: Yo salgo por la noche para estar con mis amigos hasta las 10:30, cuando comemos en casa.  Así conozco a muchas chicas.

   Yo conozco a mis amigos en _____

   _____

3. Una señorita de Quito, Ecuador: Yo, mi familia y mis amigos hacemos nuestras fiestas en casa.  Así he aprendido a bailar.

   Yo tengo las fiestas en _____

   _____

4. Un joven de Arizona: Yo voy a la iglesia, donde hay actividades sociales y tengo la mayoría de mis amigos.  Después, salimos a comer o vamos al cine o a la casa de alguien.

   Mis amigos y yo _____

   _____

5. Una chica de Chicago: Mis padres no me preguntan a dónde voy ni con quién; no están en casa porque trabajan mucho y salen con sus amigos.

   Mis padres _____

   _____

ESCUCHAR

**J. La niña quiere ir a una discoteca.** En la segunda conversación, una niña le pide permiso a su papá para ir a una discoteca a bailar. ¿Cómo reacciona el papá? Escucha la conversación y escribe **C** (cierta) o **F** (falsa) para cada una de las siguientes afirmaciones.

_____ 1. La chica tiene 16 años.

_____ 2. Su papá la dejará ir a una discoteca cuando cumpla 18 años.

_____ 3. La mamá le dijo que podía ir si el papá estaba de acuerdo.

_____ 4. Los padres de la niña conocen a todos los amigos que van a la discoteca.

_____ 5. Si sigue insistiendo, tendrá que quedarse en la casa durante dos semanas.

_____ 6. Para el papá, el bailar es malo.

_____ 7. El sugiere que invite a los amigos para que hagan un baile en casa.

_____ 8. Al papá no le gusta la gente.

_____ 9. La niña quiere hacer una piñata.

_____ 10. Resulta que la chica va feliz a la discoteca con sus amigos.

**L. ¿Qué significan las siguientes expresiones?** ¿Cómo las dirías en inglés? Escucha la conversación otra vez para comprender las expresiones según el contexto de la conversación.

1. A las discotecas no se puede ir hasta que tengas 18 años. _____
   _____

2. No, papi, ¿cómo no me vas a dejar ir? _____
   _____

3. Papi, pero, ¿qué tiene de malo? _____
   _____

4. No, no, te he dicho que no. No insistas. _____
   _____

5. Pero, ¡si la discoteca es buena, papi, es nueva! _____
   _____

6. Ah, ¡no, eso es muy zanahorio! Te estás volviendo muy catano, papi. _____
   _____

7. Claro que sí se puede ir a bailar. _____
   _____

8. No, pero tú no quieres a nadie, pues. _____
   _____

DESPUES DE ESCUCHAR

**LL. ¿Cómo termina la escena?** ¿Quién ganó la discusión, la niña o el papá? ¿Quién habló mejor, con más elocuencia? ¿Cómo piensas que va a terminar la escena? Con un(a) compañero(a), expliquen lo que pasó después. Luego, comparen su conclusión con la de dos otros estudiantes.

Nuestra conclusión: _____

_____

_____

---

## CONVERSACION 3: UNA ESCASEZ DE HORNOS DE MICROONDA

ANTES DE ESCUCHAR

**M.** ¿Qué harían ustedes? Con otro(a) estudiante, piensen en la siguiente situación y contesten las preguntas.

Ustedes necesitan comprar algo que está muy de última moda. Les urge porque todos los amigos lo tienen. Hoy ven un anuncio en el periódico para una venta especial de este producto y corren a la tienda cuando abre para comprarse dos. Al llegar a la tienda, les dicen que ya se han acabado todos.

1. ¿Cómo se sienten? _____

2. ¿Cómo interpretan el hecho de que no tienen ni un(a) _____ ?

3. ¿Qué ha pasado? (Recuerden que ustedes han llegado a la hora en que se abría la tienda.) _____

_____

4. ¿Qué pueden hacer? ¿Cuáles son sus alternativas? Hagan un plan. _____

_____

5. Comparen su interpretación y su plan con los de dos otros estudiantes.

# 11

**N. La señora impertinente.** En la tercera conversación, una señora desea comprar un horno de microonda rebajado que aparece en un anuncio en el periódico. La dependienta le dice que ya no hay. Escucha la conversación y llena los espacios en blanco.

— Buenos días, señora. ¿En qué _____

_____ ?

— Ay, _____ . Vine en seguidita que vi el anuncio

de _____ _____

_____ _____ que

están rebajados y en venta especial, y _____

_____ _____ .

— Ay, cuánto lo siento, señora, pero se _____

_____ .

— No me diga usted. ¿Cómo va a ser?

— Ya no _____ . No.

— ¿Cómo que no quedan? Tienen que _____ . Si

el anuncio salió _____ _____

_____ .

— Sí, yo lo sé. _____ _____ .

Pero es que fue una... una _____ muy

popular y hubo una fila _____ _____

fuera esperando... a que abriéramos la tienda _____

_____ .

— Por hornos de micr.... No lo puedo creer. No lo puedo creer. Yo necesito un horno de microonda inmediatamente. Vine... he

_____ muchísimas _____ ,

estoy aquí. Necesito _____ horno.

— No, pero lo siento mucho, señora. Pero no _____

ya más.

— Y, ¿cuántos _____ ustedes?

— Uy, muchísimos. Pero, no sé _____ , pero

teníamos muchísimos.

— Ay, yo no _____ que ustedes tenían _____ .

Yo creo que ustedes _____ este anuncio para

atraer aquí _____ y ahora no los tienen,

esperando que yo _____ otra cosa. Y yo

quiero ese horno de microondas que está _____

_____ .

—Señora, creo que se está pasando _____ me

está acusando _____ _____ .

—Yo no la estoy acusando a usted de mentirosa. Yo lo que creo es que

_____ _____ está

tratando de _____ a las... a los clientes.

—No, no, mire. Está diciendo que la tienda entonces está engañando a los

clientes. _____ _____ . Eso no es

verdad. Yo no... ni yo le estoy diciendo _____ ,

ni la tienda está tratan... _____

_____ de engañar a _____ .

—Pues yo creo que los comerciantes son todos _____ ,

y esto es una estafa. Yo estoy muy _____ con

esto.

—Señora, he tratado de... de... de tratarla a usted con la mayor

_____ , pero este, usted está portándose de una

forma muy, pero muy _____ .

—Bueno, pues. Yo no estoy tratando de estafar a nadie como están

_____ _____

estafar en esta tienda. Yo creo que sería una buena

_____ si yo pudiera hablar con el gerente.

—Sí, yo creo también que es muy buena idea que usted _____

con el gerente en este... se lo _____ _____

_____ .


Ñ. **¿Qué dijeron para expresarse?** ¿Cómo acusa la señora a la dependienta y cómo se defiende ella? Escucha la conversación otra vez y apunta las expresiones que han usado para expresar las siguientes ideas.

1. I'm very sorry, ma'am. _____

2. Don't tell me. How can that be? _____

_____

3. What do you mean there aren't any more left? There have to be some left. _____

_____

4. Yes, I know, I know. _____

5. I can't believe that. _____

6. I think you're going too far. _____

_____

7. That's not true. _____

8. The store isn't trying to cheat anybody. _____
_____

9. I'm very unhappy about this. _____
_____

10. I've tried to treat you with the greatest courtesy. _____
_____

11. Wait a minute. _____

12. Right now, please. _____

DESPUES DE ESCUCHAR

O. ¿Qué consejos le darías a la señora?   Con otro(a) compañero(a) respondan a las siguientes preguntas.

1. ¿Qué opinión tienen de la señora?
2. ¿Quién tiene razón, la señora o la dependienta?
3. ¿Qué debe hacer la señora, ya que no hay más hornos de microonda en la tienda?

Ahora, cambien la conversación según su propia personalidad.  Uno(a) de ustedes entra en la tienda para comprar algo y el (la) otro(a) hace el papel del (de la) dependiente(a).

# ACTIVIDADES

## SITUACIONES

P. Conversaciones.   ¿Qué se diría en las siguientes situaciones?  Con un(a) compañero(a), completa las conversaciones.

1. Tú quieres ser artista y tu padre quiere que seas abogado(a).

   **Tú:**  Papá, no quiero ser abogado(a).  Prefiero estudiar arte.

   **Tú padre:** _____

   **Tú:** _____

2. Te quejas porque no puedes encontrar algo en un almacén, pero al (a la) dependiente(a) no le parece justa la queja.

   **Tú:**  ¡Qué lío!  No se puede encontrar nada en este almacén.  ¿No quieren ayudar a los clientes?

   **El (La) dependiente(a):** _____
   _____

   **Tú:** _____

3. Hablas de algo que le pasó a tu hermana cuando era niña, pero ella no lo puede creer.

> **Tú:** Pues, sí. Lo recuerdo claramente. Escribiste en la pared. Mamá estaba furiosa.
>
> **Tu hermana:** _____
>
> **Tú:** _____

4. Tú quieres usar el coche de tu papá, pero él no quiere prestártelo.

> **Tú:** Pero, papi, tú sabes que yo te lo devolveré pronto.
>
> **Tu papá:** _____
>
> **Tú:** _____

5. Tú estás seguro(a) de que tu novio(a) salió con otra persona cuando tú tuviste que hacer un viaje.

> **Tú:** Tú saliste con mi mejor amigo(a) cuando yo no estaba, ¿verdad?
>
> **Tu novio(a):** _____
>
> **Tú:** _____

**Q. Me siento...**   Fórmense grupos de cuatro o cinco estudiantes. El (La) profesor(a) asignará a cada grupo una de las siguientes situaciones. Un(a) estudiante leerá la situación y los otros miembros del grupo escucharán y responderán a las siguientes preguntas.

- ¿Cómo me sentiría yo?
- ¿Qué diría yo?

1. En el corredor de una residencia universitaria, estás hablando con dos amigos cuando otro(a) estudiante que vive cerca se les acerca y te dice, —Mi compañero(a) me dijo que tú rompiste la ventana de nuestro dormitorio.

2. Tú y un compañero de clase están en el consultorio de un psicólogo. El profesor piensa que uno de ustedes copió en el último examen. Tu compañero(a) dice, —No fui yo. El (Ella) copió todo mi examen.

3. Vas a la biblioteca para estudiar y le pides a tu compañero(a) de cuarto que te deje un recado si alguien te llama por teléfono. Cuando regresas, tu compañero(a) te dice, —Tres personas te llamaron, pero no recuerdo cómo se llamaban.

4. Estás con algunos amigos en una fiesta y acabas de contarles algo de poca importancia que sucedió en otra fiesta la semana pasada. Uno de ellos dice, —¿Qué estás diciendo? No fue así; yo estaba ahí.

5. Un(a) amigo(a) te ha invitado a un concierto el próximo fin de semana. Cuando dices que no puedes ir, él (ella) se enoja y dice, —¡Qué tonto(a) eres! ¡Nunca quieres hacer nada! ¡No te invito nunca más!

6. Estás discutiendo con un amigo la fecha del próximo examen de matemáticas. Tú crees que es el viernes, pero tu amigo(a) piensa que lo tendrán el lunes de la semana próxima. El (Ella) dice, —Pero, ¡qué tonto(a) eres! ¿No te dije que es el lunes? ¡No tienes cabeza para nada!

7. Tienes una fiesta en tu casa para un grupo de amigos. Todos se divierten y no se dan cuenta de que hacen mucho ruido. De repente, suena el timbre de la puerta. Cuando la abres, un(a) vecino(a) te dice, —¡O dejan de hacer ruido o llamo a la policía! Ustedes los jóvenes son todos iguales: desconsiderados y ruidosos. ¡Ya estoy harto(a)!

8. Tu mejor amigo(a) está enojado(a) contigo porque piensa que le has mentido acerca del dinero de los gastos comunes. Te dice, —¡Condenado(a)! ¿Por qué no me dijiste la verdad?

**R. Representar papeles.** Pónganse en grupos de tres estudiantes. El (La) profesor(a) asignará a cada grupo una situación para dos personas. Estudien bien la situación y piensen en qué cosas se podrían decir. Luego un(a) estudiante hará el papel de un personaje, otro(a) estudiante hará el papel del otro personaje y el (la) tercer(a) estudiante tomará apuntes. El (La) que escucha y toma apuntes debe relatar al resto de la clase lo que dijeron sus compañeros.

Para asegurarte de que hayas comprendido bien, practica la técnica de repetir lo que el otro ha dicho con tus propias palabras.

**RR. ¿Qué pasó?** El (La) profesor(a) te dará una tarjeta con datos que usarás para hablar con un(a) compañero(a). Trata de averiguar lo que piensa él o ella. Aunque no estén de acuerdo al principio, deben tratar de ponerse de acuerdo antes de terminar la conversación.

**S. ¿A favor o en contra?** Piensa en la posibilidad de estar a favor o en contra de las afirmaciones presentadas aquí. Formen un grupo que esté a favor y otro que esté en contra de la proposición escogida. Expliquen y argumenten por qué toman una posición u otra y escriban sus razones.

Escojan a un(a) estudiante para hacer la presentación inicial y a otro(a) para presentar la conclusión al final del debate. Los otros compañeros deben estar preparados a responder a lo que digan los del otro grupo.

"Sólo existen tres métodos para poder vivir: mendigar, robar o realizar algo."

*Honoré-Gabriel Riqueti, marqués de Mirabeau (1749-1791), político francés.*

"Nunca es igual saber la verdad sobre uno mismo que tener que escucharla por otro."

*Aldous Huxley (1894-1963), escritor británico.*

"El dinero no puede hacer que seamos felices, pero es lo único que compensa de no serlo."

*Jacinto Benavente (1866-1954), dramaturgo español, premio Nobel de Literatura 1922.*

"El feminismo es una apelación al buen sentido de la humanidad."

*Mary W. Shelley (1797-1851), novelista británica.*

"El matrimonio es la tumba donde enterramos el amor."

*Ninón de Lenclos (1620-1705), cortesana francesa.*

"De entre los cinco sentid[os] el olfato es incuestionab[le-] mente el que mejor da la id[ea] de inmortalidad."

*Salvador Dalí (1904-1989), pintor español.*

T. En realidad, ¿cuál es la mejor manera de lidiar con las situaciones problemáticas y con la gente difícil? ¿Cuál es mejor: ser agresivo(a) o ser conciliador(a)? Con un grupo de compañeros, lee el artículo que sigue. Entonces, conversan sobre lo qué diría una persona conciliadora y lo que diría una persona agresiva en las situaciones del Ejercicio Q (p. 193) de este capítulo.

# La ira puede llevarnos a la tumba

DESDE hace más de 2000 años, las grandes religiones han proclamado las bondades de un corazón confiado y apacible. Ahora, hay otra razón para acatar la sabiduría secular: pruebas científicas indican que las personas de corazón apacible disfrutan de una vida más larga y sana.

Tras la investigación que publicaron en los años setentas dos cardiólogos pioneros, Meyer Friedman y Ray Rosenman, casi todo el mundo sabe que las personas con conducta del Tipo A son impacientes e impulsivas, y que se dejan llevar fácilmente por la agresividad y la ira. Muchos especialistas creen que un individuo con conducta de Tipo A corre un riesgo mucho mayor de sufrir un ataque cardiaco o morir de una trombosis coronaria, que personas de carácter más sosegado.

Precisamente cuando se estaba a punto de agregar la conducta de Tipo A a la lista de los factores de riesgo de contraer cardiopatías —junto al tabaquismo, las altas concentraciones sanguíneas de colesterol, la hipertensión arterial y la falta de ejercicio corporal—, empezaron a publicarse informes que sugerían que la historia de la gente de Tipo A no era tan sencilla.

Nuevos estudios no lograron descubrir mayor riesgo en todos los individuos de Tipo A de sufrir ataques cardiacos. Sin embargo, una investigación más reciente está aclarando y precisando nuestros conocimientos al respecto. Las buenas noticias consisten en que no todas las manifestaciones de la conducta de Tipo A son igualmente nocivas. Esta misma investigación indica que vivir demasiado aprisa es dañino sólo y en la medida en que eso acreciente la propia agresividad.

Y ahora, la mala noticia: la agresividad y la ira pueden ser mortales.

No sólo aumentan las probabilidades de cardiopatía coronaria, sino que incrementan el riesgo de padecer otras enfermedades que ponen en peligro la vida. Si el suyo es un corazón agresivo, es importante que aprenda a aminorar su iracundia.

La fuerza que impele a la agresividad es una cínica desconfianza en los demás. Si *esperamos* que otras personas nos maltraten, rara vez quedaremos decepcionados, pero esto engendra ira, y nos induce a reaccionar con agresión.

La actitud más característica del cínico consiste en desconfiar de los motivos de la gente a la que no conoce. Imagine que está usted esperando el ascensor y que este se detiene durante un tiempo más largo que de costumbre dos pisos antes de llegar a donde usted lo tomará. *Si ¡Que desconsiderados!* pensará. *Si la gente quiere seguir hablando, ¿por qué no se sale del ascensor para que todos los demás podamos llegar adonde vamos?* Usted no tiene ninguna posibilidad de saber qué causa la demora; no obstante, ha llegado a conclusiones hostiles respecto de personas a las que no ve, y sobre sus motivaciones.

Entretanto, su cínica desconfianza está desencadenando una descarga de adrenalina y de otras hormonas que generan tensión, con evidentes consecuencias físicas: su voz adquiere un tono más alto, aumentan la frecuencia y la intensidad de su respiración, el corazón late con más fuerza y rapidez, y se le ponen tensos los músculos de brazos y piernas. Se siente "cargado", dispuesto a entrar en acción.

Si tiene a menudo estas sensaciones, su cociente de iracundia es muy alto, y es posible que corra un mayor riesgo de contraer enfermedades graves. El efecto acumulativo de las hormonas liberadas durante estos episodios de enojo puede incrementar el riesgo de padecer afecciones coronarias y de otra índole.

El primer indicio de que su conducta es agresiva se puede colegir de su respuesta a esta pregunta: "¿Cuál es mi propósito al actuar así?" Si es para castigar a alguien por lo que haya hecho, el veredicto es afirmativo.

Pero, ¿es posible reducir la agresividad y tornarse más confiado y apacible? Una investigación sobre la prevención de ataques cardiacos, realizada por colaboradores del cardiólogo Meyer Friedman, alienta nuestras esperanzas. Él y sus colegas reclutaron a 1013 víctimas de ataques cardiacos —casi todos con la conducta del Tipo A— para que participaran en el estudio. Los cardiólogos asesoraron a un grupo de voluntarios sobre sus dietas y hábitos de ejercicio corporal; otro grupo recibió el mismo asesoramiento y, además, siguió un programa para aminorar la conducta de Tipo A.

Cuatro años y medio después, las evaluaciones demostraron que el grupo que había recibido asesoramiento cardiológico y conductual redujo mucho su peligrosa conducta de Tipo A. El grupo testigo sólo obtuvo resultados parciales.

Lo más importante fue que disminuyeron en un 45 por ciento las tasas de mortalidad y de recurrencia de los trastornos cardiacos entre quienes modificaron su conducta. De ahí que abstenerse de tener actitudes iracundas nos ayude a prevenir el primer ataque cardiaco.

**U.** Busca un artículo en alguna revista o periódico de habla española, en que el (la) autor(a) critique, se queje o se defienda de algo. Haz un resumen para el resto de la clase.

**V.** Busca en periódicos o revistas, en español si es posible, caricaturas o tiras cómicas en las que haya un desacuerdo entre los personajes. Tráelas a la clase de manera que no se vea el texto escrito. Muéstralas a tus compañeros para ver si pueden inventar un diálogo apropiado. Al final, enséñales el texto original.

**X.** Mira un canal de televisión o una película de habla española hasta que encuentres una escena en la que los personajes se peleen verbalmente. Si tienes videograbador, trae la escena a la clase; si no, escribe un resumen de la escena para leérselo a tus compañeros y a tu profesor(a).

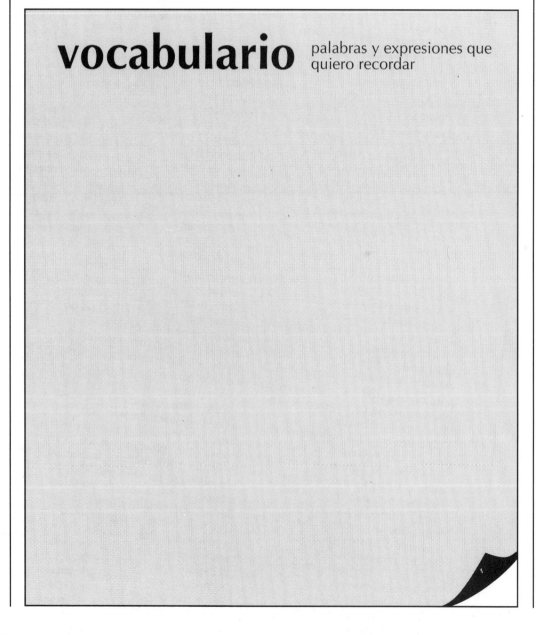

**vocabulario** palabras y expresiones que quiero recordar

# 12

## MANAGING A DISCUSSION

# «*En fin, creo...* »

## LA VIDA EN EL EXTRANJERO

## INTRODUCCION

**A.** **¡A conversar!** Después de leer todos los otros capítulos de este libro, sabes que hay varias «reglas» para manejar una conversación. ¿Qué regla cree Ud. que sigue el niño aquí?

**B.** **Cómo mantener una conversación.** El tema de este capítulo es cómo tomar parte en una conversación. En realidad, es un resumen de todos los temas de los capítulos anteriores. Para conversar con otros, uno tiene que empezar y terminar conversaciones; empezar y desarrollar temas; describir; pedir y dar informes; planear y organizar; relatar y escuchar; expresar deseos y quejas; dar y recibir consejos; expresar sentimientos; expresar y responder a opiniones; discutir y defenderse; así como ayudar a los demás a entender y a comunicarse con uno. Durante una conversación, nadie debe distraerse. Todos los participantes, los que escuchan así como los que hablan, tienen un papel importante en el intercambio de ideas. Con un(a) compañero(a) de clase, escriba una lista de temas posibles para una discusión. ¿Cómo pueden incluir los temas de los capítulos anteriores — como la descripción, la narración, los consejos, etc. — en una conversación sobre estos temas?

# ESCUCHAR Y PRACTICAR

## CONVERSACION 1: COMO ME SIENTO VIVIENDO EN LOS ESTADOS UNIDOS

<u>ANTES DE ESCUCHAR</u>

**C. ¿Qué les gustó y qué les disgustó?** Casi todos ustedes han pasado un tiempo fuera de su casa visitando o a parientes o a amigos. Muchos, también, se han ido a vivir a otro estado o a otra ciudad. Otros han viajado por el extranjero. Con tus compañeros de clase, hablen de lo siguiente:

1. ¿Qué echaste de menos durante esa época?
2. ¿Qué te llamó más la atención?
3. ¿Cómo te sentiste?
4. ¿Qué opinas de las mudanzas?
5. ¿Qué te parece la idea de vivir en el extranjero?
6. ???

**CH. Fuera de mi casa.** Piensa en una visita, en un viaje al extranjero, o en una mudanza. ¿Cómo te sentiste en esas ocasiones? Los jóvenes que hablan en la primera conversación comparten muchos de estos sentimientos.

<u>ESCUCHAR</u>

**D. ¿Cómo se sienten?** Escucha la primera conversación en la que un grupo de estudiantes hispanoamericanos que viven en los Estados Unidos conversan sobre la vida de acá. Escucha a los jóvenes hispanos hablar de la vida norteamericana. Mientras escuches, fíjate en cómo se sienten y en cómo responden a la vida norteamericana.

1. Escribe algunas frases que revelan sus sentimientos.

_____

_____

_____

2. Escoge algunas cosas de los EE.UU. que sean distintas de las de su país.

_____

_____

_____

_____

**E. Reacciones.** ¿Qué opinas de sus sentimientos y reacciones? ¿Son de esperar? ¿En qué son semejantes o diferentes a los tuyos cuando te encontrabas en un lugar extraño? ¿Prefieres tú lo familiar o lo nuevo?

**F. ¿Qué dijeron?** Escucha otra vez la conversación, fijándote en las respuestas a las siguientes preguntas.

1. ¿Qué echan de menos esos jóvenes?

2. ¿Qué cosa es acostumbrarse a vivir en otro país?

_____

3. ¿Cuándo es más difícil?

_____

4. ¿Por qué se encierra la gente en los EE.UU.?

_____

5. ¿Cómo influye el clima en las amistades?  (según los estudiantes)

_____

6. ¿Cómo son los norteamericanos?  (según ellos)

_____

7. ¿Qué les parecen las fiestas norteamericanas?

_____

**G. Análisis.**   Escucha una vez más la conversación, prestando atención a cómo se va desarrollando.

1. ¿Qué dice la primera estudiante para empezar el tema y preguntar cómo se sienten sus amigos?

_____

_____

2. ¿Qué expresiones usan sus amigos para responder?

_____

_____

3. Cuando uno habla de la dificultad de acostumbrarse a la vida de aquí, ¿qué idea añade otro estudiante?

_____

_____

4. Luego, otro amigo habla de lo que hace la gente a causa del clima.  ¿Qué hace?

_____

_____

5. En seguida, otro estudiante habla del efecto del clima en la gente. ¿Para qué no tiene tiempo la gente?

_____

6. Después, otro habla de las amistades entre los norteamericanos. ¿Cómo son?

_____

7. Para acabar, alguien habla de la influencia del clima en la manera de ser de la gente. ¿Cómo es el norteamericano?

_____

8. En este momento, alguien cambia el enfoque cuando dice que «ellos socializan de una manera diferente». Según su descripción,
a. ¿Qué hacen en las fiestas los norteamericanos?

_____

_____

_____

_____

b. ¿Qué hacen en las fiestas los hispanos?

_____

_____

_____

| | |
|---|---|
| **Expresiones útiles para contar una historia** | |
| **Escuchen, les voy a contar algo muy chistoso.** | Listen. I'm going to tell you something really funny. |
| **Les voy a contar algo que nos pasó un día.** | I'm going to tell you something that happened to us one day. |
| **Una vez cuando...** | Once when . . . |
| **Fíjense que...** | Imagine that . . . ! |
| **No me van a creer.** | You're not going to believe me. |
| **Fue algo espantoso.** | It was something scary. |
| **Fue divertidísimo.** | It was great fun. |
| **Y entonces lo (la) vi.** | And then I saw him (her). |
| **Expresiones útiles para reaccionar** | |
| **¿Sí? Es increíble.** | Really? That's incredible. |
| **¡No me digas!** | You don't say. |
| **¡Ay, no!** | Oh, no! |
| **Pero no me vayas a decir que... .** | But you're not going to tell me that . . . . |
| **No, no lo creo.** | No, I don't believe it. |
| **Y ¿qué pasó después?** | And what happened afterwards? |
| **Expresiones útiles para conversar en una fiesta** | |
| **¡Qué gusto de verte!** | How nice to see you! |
| **Hace mucho tiempo que no nos vemos.** | It's been a long time since we've seen each other. |
| **¡Cuánto tiempo sin verte!** | How long it's been since I've seen you! |
| **¡Mucho gusto de verte!** | Nice to see you! |
| **Quiere conocer a todos los que no conoce todavía.** | He (She) wants to meet all the people he (she) does not know yet. |
| **¡Oye! ¿Quién es ese(a) chico(a)?** | Say! Who is that guy (gal)? |
| **¿Has oído alguna vez música tocada tan alto?** | Have you ever heard music played so loudly? |
| **Está muy rico(a), ¿no?** | It's delicious, isn't it? |
| **¿Qué hay de nuevo?** | What's new? |
| **¿Qué tal?** | How are things? |
| **¿Qué te parece el conjunto?** | What do you think of this band? |
| **¡Qué fiesta mas divertida!** | What a fun party! |

**H.** Las fiestas.

1. A algunos estudiantes les gusta dar fiestas y asistir a ellas. A otros les gusta asistir a algunas fiestas pero a otras, no. Y a algunos no les gusta asistir a ninguna fiesta.

   a. Piensa en las fiestas más divertidas a las que hayas asistido y haz una lista de lo que más te gustó.

   b. Piensa en las fiestas más aburridas a las que hayas asistido y haz una lista de lo que no te gustó.

   c. Prepárate para contar una anécdota sobre algo chistoso o embarazoso que te ocurrió en una fiesta.

2. En grupos de cuatro o cinco, hablen de las fiestas más divertidas y más aburridas a que hayan asistido. Antes de empezar, escojan a un miembro del grupo para dirigir la conversación. El (Ella) tiene la responsabilidad de hacer que todos hablen, y en especial, que todos cuenten por lo menos una anécdota, y también, de mantener en marcha la conversación. Al final, los miembros del grupo deben escoger la anécdota más divertida y la que le causó más vergüenza a su protagonista.

3. El (La) líder de la conversación de cada grupo les contará a los demás estudiantes las dos anécdotas que fueron escogidas por los miembros de su grupo.

## CONVERSACION 2: LO BUENO Y LO MALO

ANTES DE ESCUCHAR

**I.** Hay cosas buenas y cosas malas.   Hay muchos que critican la vida norteamericana y el sistema capitalista. Piensen ustedes en toda la crítica que hayan oído.

1. ¿Qué dicen los críticos norteamericanos?
2. ¿Qué piensas que dicen los críticos extranjeros?
3. ???

También, hay muchos que defienden nuestra vida y nuestro manera de ser. Hagan un resumen de todos los aspectos buenos de nuestra vida y nuestro sistema.

1. ¿Qué dicen los defensores norteamericanos?
2. ¿Qué crees que dicen los defensores extranjeros?
3. ???

**J.** Quisiera cambiar…   Piensa en la vida norteamericana y en nuestro sistema, y escoge los aspectos buenos y los aspectos que debemos cambiar. Estas ideas te ayudarán a comprender la conversación.

**Aspectos buenos**

_____

_____

_____

_____

_____

**Aspectos malos**

_____

_____

_____

_____

_____

ESCUCHAR

**L.** Lo bueno y lo malo.   Ahora, escucha la segunda conversación para averiguar lo que dicen los estudiantes.   Trata de prestar atención a lo bueno y lo malo de la vida norteamericana, según esos jóvenes hispanos.

1. Escucha y apunta algunos de los aspectos buenos que les han llamado la atención. (No es necesario apuntarlos todos.)

    a. _____

    b. _____

    c. _____

    ch. _____

    d. _____

    e. _____

    f. _____

    g. _____

    h. _____

    i. _____

    j. _____

2. Escucha otra vez los aspectos que les parecen malos.

    a. _____

    b. _____

    c. _____

    ch. _____

    d. _____

**LL.** ¿Y tú?   ¿Qué piensas tú de lo que dicen?   ¿Qué te sorprende?   ¿Algo que dicen? ¿Algo que no dicen?   ¿Qué cosa no te sorprende?

**M.** ¿Una actitud común?   ¿Qué te parece la actitud de los estudiantes de habla española? ¿Crees que es común esta actitud entre los hispanos que vienen a los Estados Unidos a estudiar, a trabajar o a vivir?   Hay muchos norteamericanos de varios niveles sociales y económicos.   ¿Qué les parecerán los sentimientos de los extranjeros, sean turistas, estudiantes o inmigrantes?

**N. ¿Qué dijeron?** Escucha otra vez la conversación fijándote en las palabras que se usan para describir lo bueno y lo malo de la vida. Escríbelas abajo.

**Palabras favorables**

_____     _____
_____     _____
_____     _____
_____     _____
_____     _____

**Palabras desfavorables**

_____     _____
_____     _____
_____     _____

**Ñ. ¿Qué dicen para…?** Escucha la conversación una vez más, prestando atención a las expresiones que se usan para mantener en marcha la conversación. Hay algunas que se usan varias veces.

1. _____
2. _____
3. _____
4. _____
5. _____
6. _____

DESPUES DE ESCUCHAR

memom

| Expresiones útiles para tomar parte en una conversación | |
| --- | --- |
| **Todos saben (creen) que….** | Everyone knows (believes) that . . . . |
| **Se les conoce por….** | They are known for . . . . |
| **Así es.** | That's the way it is. |
| **No es así.** | It's not like that. |
| **Lo más (menos) importante es….** | The most (least) important (thing) is . . . . |
| **¿Te parece que sí?** | Do you think so? |
| **¡No me digas!** | You don't say. |
| **¡Qué barbaridad!** | How ridiculous!  What nonsense! |

**O. Los estereotipos.** Es común en todos los países pensar en la otra gente según los estereotipos que existen en la sociedad. Estos estereotipos sociales son regionales así como nacionales. Por ejemplo, los Estados Unidos es un país grande y por eso hay diferencias regionales y sociales entre la gente.

1. A ver si tú piensas de esta manera.
   a. ¿Cómo es la gente de Tejas, de California, de tu estado?
   b. ¿Cómo es la gente del Sur, del Oeste?
   c. ¿Cómo es la gente de los Estados Unidos?
   ch. ¿Cómo es la gente de Hispanoamérica?
   d. ¿Qué te parece : Está bien o mal utilizar generalizaciones para pensar en la gente de otras clases, regiones y naciones?

2. Con tres o cuatro compañeros, hablen de los estereotipos del mundo norteamericano y del mundo hispánico.

3. Hagan una lista de los que les parezcan más comunes.

4. Comuníquense los estereotipos comunes que han encontrado en cada grupo.
   ¿Cuáles se deben cambiar? ¿Cuáles son inofensivos?
   ¿Cuáles tienen algo de verdad? ¿Hay algunos que sean completamente falsos?
   ¿Cuáles son los efectos de pensar según los estereotipos?

# CONVERSACION 3: LO QUE ME GUSTA Y NO ME GUSTA

## ANTES DE ESCUCHAR

**P. ¿Qué creen?** Los estudiantes siguen hablando de lo que les gusta de los Estados Unidos y lo que les gusta de sus propios países. Expresan una variedad de sentimientos. Según lo que saben ustedes de los EE.UU. y de los países hispánicos,

1. ¿qué creen que les gusta o no les gusta a los hispanos que estudian en nuestro país?

    a. Les gusta _____

    _____

    b. No les gusta _____

    _____

    c. No entienden _____

    _____

    ch. No saben _____

    _____

    d. ??? _____

    _____

2. ¿Qué creen que les gusta o no les gusta a los norteamericanos que estudian en Hispanoamérica?

    a. Les gusta _____

    _____

    b. No les gusta _____

    _____

    c. No entienden _____

    _____

    ch. No saben _____

    _____

    d. ??? _____

    _____

## ESCUCHAR

**Q. ¿De qué hablan?** Escucha la tercera conversación y anota los temas de que hablan.

1. _____

2. _____

3. _____

4. _____

5. _____

6. _____

**R.** **¿Qué dijeron?** Escucha la conversación otra vez y completa las siguientes oraciones.

1. A mí me gusta, _____ , a mí lo que me gusta

   _____ , es que _____ uno la

   mejor _____ le dan el _____ .

   No depende de la _____ o de _____

   uno _____ , de quien es…

2. Sí, pero bueno, el sistema _____ de los Estados Unidos,

   es _____ bueno. Y el sistema de

   _____ , por ejemplo, también es un sistema que

   _____ bastante bien.

3. Sí, como decimos en Colombia, el que (no) esté en la _____ ,

   quiere estar _____ y el que está afuera, le

   gustaría estar _____ .

4. No, pero, en _____ tenemos _____

   de poder haber _____ dos culturas completamente

   diferentes. ¿No es _____ ?

5. Sí, yo pienso que las _____ son _____

   en gran parte de… ese… de que los _____ no

   _____ más del mundo.

6. Bueno, pero yo creo que _____ _____ es porque aquí

   son _____ … aquí tiene _____

   … tú… tú… ¿qué _____ aquí?… están… .

**RR.** **¿Qué te parece?** ¿Cómo sería tu vida si estuvieras estudiando en un país hispánico en vez de aquí? ¿Crees que te gustaría estudiar en el extranjero? ¿Por qué?

**S.** Más información. Escucha la conversación de nuevo y contesta las siguientes preguntas.

1. ¿A quién le dan el trabajo en los Estados Unidos?

   _____

2. ¿Cómo es el sistema educativo?

   _____

3. ¿Cómo es el sistema de salud?

   _____

4. ¿Dónde está todo lo positivo?

   _____

5. ¿Qué pasa cuando alguien que está en el extranjero recibe una carta de su familia?

   _____

6. ¿Qué es difícil en el extranjero?

_____

7. ¿De qué no saben nada los norteamericanos?

_____

8. ¿Qué experimentan los estudiantes que estudian en otro país?

_____

9. ¿Por qué no se interesan más los norteamericanos en el resto del mundo?

_____

10. ¿Qué necesita saber la gente norteamericana?

_____

T. En mi opinión... ¿Qué opinas de lo que dicen los estudiantes? ¿En qué tienen razón? ¿En qué no la tienen?

DESPUES DE ESCUCHAR

memomemo

Expresiones útiles para iniciar y mantener una discusión

| | |
|---|---|
| **¿Qué piensas del...?** | What do you think of...? |
| **¿Querrías decir algo?** | Did you want to say something? |
| **¿No te parece un tema importante?** | Don't you think it's an important topic? |
| **¿Cuál es tu reacción?** | What is your reaction? |
| **¿Qué opinas de una cosa así?** | What do you think about a matter like that? |
| **Es un tema de mucha controversia, pero se debe discutir.** | It's a very controversial matter, but it should be discussed. |
| **Pero, mira. No es eso. Es algo más profundo.** | But, look. It's not that. It's something more profound. |
| **Bueno, no discutamos.** | O.K. Let's not argue. |
| **Perdona, pero quisiera decir algo.** | Pardon me, but I would like to say something. |

U. El estudio en el extranjero.

1. Prepárate para hablar de los estudios en el extranjero pensando en las siguientes preguntas.
   a.  ¿Quién lo hace?
   b.  ¿Cuándo?
   c.  ¿Por cuánto tiempo?
   ch. ¿Para qué?
   d.  ¿Dónde?
   e.  ¿Cuáles son las ventajas de pasar un año o un semestre estudiando en otro país?
   f.  ¿Cuáles son las desventajas?

2. Conversa con tres compañeros(as) de clase sobre las ventajas y desventajas de estudiar en el extranjero.

    a. Primero, hablen de lo que uno tiene que hacer para pasar un año o un semestre fuera del país.

    b. Luego, comenten sobre las ventajas de estudiar en otro país.

    c. ¿Cuáles son las desventajas?

    ch. ¿Por qué te gustaría o no te gustaría estudiar en una universidad hispánica?

3. Comparen las opiniones de todos los grupos. ¿En qué están o no están de acuerdo?

# ACTIVIDADES

## SITUACIONES

**V. Te toca a ti.** Desempeña el papel de presentador(a) y moderador(a) en una conversación en la que intervenga toda la clase.

1. Lleva preparada de antemano a clase una corta intervención, de tres minutos, sobre algo que te interese a ti y a tus compañeros.

2. Mientras hables, los otros estudiantes deben anotar las ideas que se les ocurran para hacerte preguntas después o hablar sobre el tema.

3. Al terminar tu intervención, estarás a cargo de dirigir la conversación de manera que todos participen. Todos deben estar preparados para hacer preguntas o comentarios sobre el tema presentado.

4. Ten preparadas algunas preguntas sobre lo que dijiste en forma de examen para que tus compañeros lo hagan al final.

**X. En busca de soluciones.** Formen grupos de cinco personas. Escojan uno de los temas que se encuentran a continuación, o escojan otro que les interese más. Anoten todas las soluciones para el problema que se les ocurran. Todos deben tratar de encontrar muchas soluciones. Cuando hayan terminado, discutan sus ideas con el resto de la clase.

1. ¿Cómo podemos ayudar mejor a los pobres (a los adolescentes que están pensando en suicidarse, a los jóvenes que no pueden obtener empleo)?

2. ¿Cómo podemos pagar los costos de universidad?

3. ¿Cómo podemos aumentar el número de buenos profesores en la escuelas secundarias?

**Y. El periodismo.** Haz el papel de reportero(a) de televisión. Entrevista a todos los estudiantes que puedas sin repetir la misma pregunta y sin recibir dos veces la misma respuesta. Las preguntas deben ser rápidas y variadas para que no se aburra el público. ¿Cuántas preguntas distintas puedes hacer y cuántas respuestas pueden dar tus compañeros? Puedes usar preguntas como **«¿Qué piensas de… ?»**, **«¿Crees que… ?»**, etc.

Preguntas que piensas hacer:

1. _____

2. _____

3. _____

4. _____

5. _____

6. _____

7. _____

8. _____

9. _____

10. _____

Puedes usar respuestas como **«Yo opino (que)… »**, **«Desde mi punto de vista… »**, **«A mi parecer… »**, **«Me parece… »**, **«(No) creo que… »** y **«Según he oído… »**.

**Z. ¿Quieres salir esta noche?** Formen grupos de cuatro estudiantes. Estás en tu cuarto con tres amigos que quieren salir juntos esta noche y están haciendo planes.

El (La) profesor(a) le dará a cada estudiante una tarjeta con la descripción de una persona. Imagínate durante la conversación que eres esa persona. Di lo que quieres hacer esta noche.

**AA. Una escena.** Tú eres de un pequeño pueblo de un área rural de Indiana. Como tus padres, eres conservador(a). Actualmente, eres estudiante de intercambio. Todavía no estás acostumbrado(a) a la vida en el otro país, pero tratas de no ofender a nadie. Vives con una familia hispana en la que hay seis personas: el abuelo, que se queja de todo; el padre, que es socialista y critica todo lo que hace el gobierno norteamericano; la madre, que sólo quiere estar segura de que te guste la comida; una hija, de dieciocho años que quiere saber todo de la vida en los Estados Unidos y un hijo de quince años, que ha visto todos los episodios de «Dallas». Todos quieren saber qué te gusta de su país. Todos están a la mesa cenando y conversando.

**BB.** En general, a los hispanos les gusta hablar. Les gusta ir a un restaurante y reunirse con sus amigos(as) para conversar. Estas reuniones se llaman «tertulias», palabra que se define en el diccionario como «reunión habitual de personas que se juntan para distraerse y conversar».

Organicen ustedes una tertulia (o una serie de tertulias) en algún restaurante sobre uno de los siguientes temas.

1. el cine
2. la literatura
3. los deportes
4. la televisión
5. la música

6. los viajes
7. los estudios universitarios
8. el gobierno
9. otro tema que les interese

Escojan el tema de antemano y escojan a alguien para dirigir la conversación en cada mesa.

**CC.** Lee algún artículo de un periódico o una revista en lengua española que trate sobre algo que ocurra actualmente. Puede tratar de política, economía u otra cosa, algo que creas que les va a interesar a tus compañeros de clase. Después, da un breve resumen del artículo a la clase.

**CHCH.** Ve a un supermercado y busca productos que vengan de un país hispánico. Haz una lista de ellos y ven a clase preparado(a) para contarles a tus compañeros cuántos productos encontraste y cuáles son.

# vocabulario palabras y expresiones que quiero recordar

# CREDITS AND PERMISSIONS

## PHOTOS

B.D. Picture Service: Katherine Lambert, p. 5 (right center), Rapho De Sazo, p. 181; Comstock: Stuart Cohen, p. 21, p. 65 (left), p. 155; Familia Novo de la Torre: pp. 112-113 (5 photos); Robert Frerck/Odyssey Productions: p. 101, p. 133, p. 167; Beryl Goldberg: p. 5 (left center); Peter Menzel: p. 1, p. 5 (top right), p. 21, p. 81 (right), p. 156 (left, top right), p. 163; Rafael Millán: p. 5 (left), p. 8; Monkmeyer Press Photo Service: Paul Conklin, p. 51, Alicia Sanguinetti, p. 84 (right), Hugh Rogers, p. 119, p. 149, David S. Strickler, p. 155 (lower right); Stock, Boston: Stephen J. Potter, p. 5 (bottom right), Peter Menzel, p. 115, Nicholas Sapieha, p. 186; Ulrike Welsch: p. 19, p. 21 (center), p. 33, p. 77, p. 84 (left).

## TEXTS AND REALIA

p. 20, personal ads, *Tú internacional*, Editorial América, S.A. and *Cosmopolitán de México*

p. 58, "Quiromancia," *Mía* magazine

p. 66, cartoon, *El Diario* (Guadalajara)

p. 77, "Los Seis C," adapted from *Cómo descubrir tu vocación,* Francisco d'Egremey A., Anaya Editores, S.A., Editora Mexicana de Periódicos, Libros y Revistas, S.A., pp. 92-97

p. 79, illustrations, *Mundoloco* magazine

p. 97, 98, package travel trips, Pullmantur travel agency, Spain

p. 102, 168, 182, 198, 211, cartoons, "Mafalda," © Joaquin Salvador Lavado (QUINO). All rights reserved.

p. 117, cartoon, *A mí no me grite,* Quipos ©, QUINO

p. 128, "Tips que debes tener en cuenta antes de comprar un automóvil," *Tú internacional,* Editorial América, S.A.

p. 131, "Telemercadeo," *Vanidades de México* (Publicaciones continentales)

p. 134, cartoon, *Hoy es tu día, Carlitos,* Charles Schulz, United Feature Syndicate, Inc.

p. 146, television listings, *Telepaís, Diario El País,* S.A.

p. 147, horoscope, *Diario Sur*

p. 150, greeting card, Ilusiones, S.A. de L.V., Mexico

p. 152, cartoon, Charles Schulz, United Feature Syndicate, Inc.

p. 153, cartoon, "Condorito," Ediciones Colombianos, S.A.

p. 163, "Eternamente amigas," *Imágenes* magazine

p. 183, illustrations, *¡Nunca me quisiste!* and *Lengua de víbora,* El Libro Semanal

p. 195, "La ira puede llevarnos a la tumba," excerpt from *The Trusting Heart,* Redford Williams, M.D., copyright 1989 by Redford Williams, M.D. Reprinted by permission of Times Books, A Division of Random House, Inc.